JN076385

フランス人哲学教授に学ぶ

知れば疲れない
バカの上手なかわし方

マクシム・ロヴェール

稲松三千野 訳

文響社

QUE FAIRE DES CONS?
by Maxime Rovere

はじめに

「ぼくたちは民衆とかい離していますね……それは自明の理ですが……、笑っていらっしゃるようですね、カラマーゾフさん？」

ドストエフスキー『カラマーゾフの兄弟』

この本では、哲学者であるわたしとみなさんとで、「バカにどのように対処するか」という問題を一緒に考えていきたいと思います。実は、これまでの哲学でこの問題が重要視されたことはありません。哲学者は、当然ではありますが、何よりも知力を試すことに身を捧げてきたからです。

「理解する」という言葉にはさまざまな意味があり、古くから哲学者は、「理解するとはどういうことか」を理解し、探るために、優れた試みを重ねてきました。もちろん、その際にも、バカなことの存在を全く無視していたわけではありません。なぜなら、何事においても知と愚は反比例するからです。つまり、バカなままでは理解は始まりません。
したがって、バカであることは哲学者の敵ですから、これまでの哲学におけるバカなことの定義は、ほとんどが否定的なものでした。また、哲学者のような知的な視点をもたなければ成り立たないものでもありました（哲学者は、少なくとも「理論上は」知的な人間です）。

では、これまでの哲学では、バカなこととはどのようなものだと考えられてきたのでしょう。ここでは哲学史の総ざらいはやめておき、要点だけお伝えしたいと思います。まず、バカなことはいろいろな形で表れ、それに合わせて名前がついています。たとえば、戯言、偏見、高慢、迷信、不寛容、先入観、教条主義〔訳注…権威者の話や特定の教義をうのみにして固執する思想〕、衒学趣味〔訳注…知識のひけらかし〕、虚無主義〔訳注…ニヒリズム。既成の全ての秩序・権威・制度などを破壊しようとする思想〕、などがそうです。そうしたバカなことが、知識の習得や、人間性を高めることや、健全な話し合いや、共同生活を妨げると哲学では考えられてきました。

確かに、そうやって哲学は、バカなことを多面的に解き明かすことに貢献してきたのですが、その一方で、いつもバカなことを知的に取り扱いすぎていました。要は、学問として研究し、難しく考えすぎていたわけです。哲学者は概念を取り扱うのが得意ですから、当然といえば当然ですが、そのせいで、バカなことが真の問題になる角度から取りくむことができなかったのです。簡単に言うと、真の問題とは、「バカなこと」ではなく、「バカな人」です。

実際、バカなことについては、定義づけに違いはあっても、ではどうしたらいいのか、という結論はいつも同じで、ありとあらゆる手段と力を駆使して戦い、完全に——実際問題としてはできる限り——滅ぼすべきだ、となります。ラテン語に「カルタゴ滅ぶべし」(*Carthago delenda est.*)という表現がありますが、これを「バカなこと滅ぶべし」とすれば、バカなことに対する、有益で、激しく、果てしなく、容赦ない憎しみが言い表せます。なぜ憎しみが「有益」かというと、憎しみを原動力にしてバカなことを根絶すれば、いい結果が得られるからです。

でも、バカな人についてはどうでしょうか。つまり、現実にいる、わたしたちの日常を妨害してくるバカのことです。わたしたちは、バカとたまたま同じ電車やバスに乗ってしまうこともあるし、毎日仕事で関わらなければならないこともあります。バカはわたしたちの同居人の場合もあるし、残念ながら家族の場合もあります。人生のパートナーや、友人や恋人が、ある日突然、嫌になるくらいバカなふるまいをすることだってあります……。そういうバカを、いったいどうしたらいいのでしょうか。さすがに、殺すべきだ、と言う人はいないでしょう。最低最悪なバカだったらそんなことも言うかもしれませんが、それ以外の人は、本気でそこまでしたくはないはずです。

要するに、「バカなこと」は撲滅してもいいのですが、「バカな人」を全員殺すわけにはいきません。したがって、哲学的な見地から言うと、「バカなこと」よりも「バカな人」のほうが、ずっと難しく、ずっと重要な問題です。そして、バカは教養や理解力がなく、往々にして攻撃的です。それがこの問題を非常に複雑にしています。つまり、売り言葉に買い言葉と言いますか、相手がバカだとこちらも似たようなバカになってしまい、問題が円環構造になるのです。実際、みなさんも、バカを相手にするとたちまち何らかのスイッチが入って、知性を奪われたようになってしまうことがあるでしょう（ここでは知性という言葉を、一番広い意味である「理解力」の意味で使っています）。

もちろん、わたしは読者のみなさんをけなすつもりは全くありません。でもみなさんも、誰かをバカだと思った瞬間に、無関係な「傍観者」ではなくなります。理解しようとする努力がひどく妨害された状態で、その場の状況に巻きこまれ、いうなれば同じ舞台に立った「同類」になってしまうのです。それは認めなければなりません。

バカの主な特徴のひとつに、相手の分析力を吸い取ることがあります（だから、ついバカという言葉を多用してしまいます）。また、これも不思議な特性なのですが、バカは相手にバカな言葉遣いをさせ、その人を仲間に引き入れます。つまり、わたしたちも、気がつくとあちら側の人間になっているのです。これは一種の罠で、この罠をこの本では「バカの罠」と呼ぶことにします。

実はわたしは、あるバカと同居することになってしまいました（幸い、しばらくの間だけですが）。だから自宅でバカの罠に直面しています。しかもこの罠は、裏をかくことが非常に難しいのです。

そこで決めました。わたしは大学でいくつか研究をしていますが、その中で難易度が高いものはいったんストップします。その代わり、自分と、他の人たち全員のために、したいことがふたつあります。ひとつは、バカの罠の仕組みを解き明かすことです。世の中には大きな困難がたくさんありますが、バカの罠もそのひとつです。もうひとつは、できればみんなでその罠から抜けだすことです。

哲学はこれまでに、とても重要な問題を数多く取りあげてきました。わたしは、バカが起こす問題も、同じくらい重要だと考えています。ただし、詳しく見ていく前に、ひとつお断りしておかなければならないことがあります。この本で取りあげるのは実際問題としてのバカなことで、普通、哲学で取りあげるような理論上のバカなことではありません。要するに、バカなことは道徳や政治や社会の問題として、未然に防ぐことが必要だということを、わたしはよく知っているのです。

たとえば、人々が快適な共同生活を送れるようにするには、まずバカがこれ以上増えないようにする必要があります。そのためには、若者たちが完全にバカになることを防ぐのに一番効果的な手段を講じなければなりません。今の若者たちは、生まれた環境はどうあれ、親がバカなことが多いのでなおさらです。ことは急を要するのです。

でも、わたしたちがバカの予防措置として、若者の知性を大幅に向上させようと努力するとしても、その努力には限界があることは否めません。そうした措置をどうやって実践するか、また、どんな結果が出るかは、非常に多くの要因に左右されますし、どんな社会でも必ず、少なくとも一部の人は、別の一部の人を、とんでもないバカだと思っているものです。この「一部」は、たったひとりのこともあります。要は、社会では必ず誰かが誰かをバカだと思っている、ということです。そういう意味では、バカなことは、理論上は解決可能でも、実際問題としてはずっと存在しつづけるでしょう。理論上の解決に向けては、人文科学の研究者や、その他の熱意ある人々が、適切で正しい努力をしているのですが。

というわけで、あなたが善意の塊のような人で、周囲も素晴らしい人ばかりでも、この先「ずっと」、「必ず」、バカには出会います。そのことも、早く認めなければなりません。

歴史が変転してもバカは存在しつづけますが、人がバカに出会う原因は、そこにバカがいるから、というだけではありません。というのも、バカは、静かにじっとしていることができないのです。

バカはすぐに目につきます。バカは、何かに反対するときのやり方が、非常に独特です。

バカは、人が何らかの状況を改善するためにしようとしていることに、考えなしに全部反対します。自分たちの状況が良くなる場合でも反対します。

つまり、バカはいつだって、人の努力を頑としてはねつけて水の泡にします。人が筋の通ったことを言っても、だらだらと空論を唱えて言いかえしてきます。親切にしても威圧してきます。優しくしても暴力で返してきます。公共の利益になることにもかたくなに反対し、バカ個人の利益になることさえも根底から覆してきます。

そういう意味では、バカは人類の進化においてどうしても出てくる残りかすのようなものでありつつ、逆に、歴史を動かす主な原動力のひとつでもあります。バカは頑迷でありながら、いやむしろ頑迷だからこそ、過去の戦いの大部分に勝ってきましたし、未来の戦いでも多くの勝利を挙げるであろう一勢力です。この勢力は、誰が何をしてもずっと変わりません。一言で言うと「バカは頑固」です。これにはみなさん、異論はないでしょう。

頑固だと、ごくシンプルな解決策にもろくに耳を貸さないという難点があります。つまり、頑固なバカの、不寛容さや迷信や偏見を前にして、寛容になれ、知識と教養に基づいて判断せよ、柔軟なものの見方をせよ、と主張しても無駄なのです。

だから、バカに立派なことを言ったり優しい言葉をかけたりしても、言った側の自己満足にしかなりません。そして自己満足に浸っているうちに、分析力が敵に吸い取られ、またしてもバカの罠にはまり、例によって、理解しようとする努力が妨害されることになるのです。

そういうわけで、バカとは和解できない仕組みになっています。向こうは和解を望んでいません。となると、やはりわたしたちは「対処法」を身につけなければなりません。でもどうやって？　バカは、昔から、そしてこの先もずっと、事実上は必ず存在しつづける、というつらい前提から出発して（つまりバカがそもそも発生しないように予防措置を講じるには手後れという状況で）、どうしたらバカの「対処法」を見つけられるのでしょうか。

答えはまだわかりません。でも、もしわたしが、すでに答えを知っている問いを立てるなら、それはバカの一員ということです。今、ささやかな構想なら頭の中にあります。ものを考えるコツも少しは知っています。抽象的なことを考えてきた長年の経験もあります。だから、この差し迫った問題に対して、哲学で明快な答えを見つけられるかどうか、わたしと一緒にみなさんも考えてみていただければと思います。

バカについて考えるにあたって最初に頭に入れておいていただきたいことが三つあります。まずは、次の会話を読んでください。

（列車や飛行機の通路で人が詰まっている場面）

A「ちょっと、押さないでください！」

B「どうして通路で立ち止まってるんだ!?」

C「早く進んで！」

B「押すなよ！」

D「進んでよ！」

C「押さないで！」

A「待って！」

A／B／C「無理やり通らないで！」

A／B／C／D「みんな勝手だな！」

通路で立ち止まる人、人を押す人、もめる人……。要はお互いにいろいろな形で迷惑をかけあっている状況です。でも、誰もが人のことをバカだと思うばかりで、自分を顧みる様子は見られません。

この本のまとめ

① **人はみんな、他の誰かにとってバカである。**
② **バカなことの形は無数にある。**
③ **一番のバカは自分自身の中にいる。**

普通、まとめは最後にもってくるものですが、この本では、みなさんもわたしと一緒に考察を始められるよう、先に書くことにしました。

みなさんは、過去にバカと関わった何らかの経験を頭に置いて、この本を読みはじめたことでしょう。読んでいるうちに、せっかく忘れていた顔や名前まで、あれこれと思い出してしまったかもしれませんね。バカと関わる経験はつらいものですし、中には、理不尽だと思った、苦痛を覚えたなど、深刻な話もあるでしょう。

みなさんは、そんな経験から、この本でバカをやっつけてやろうと思ったのではないでしょうか。わたしも同じ気持ちです。この本で、みんなでバカに詳しくなって、彼らのことをちょっと笑ってやって、こちらはこちらで、より賢くなったと感じることで、みなさんとわたしの溜飲を下げたいと思っています。

考察を始める前に、ひとつ注目してほしいことがあります。わたしたちが考えていこうとしている問題（バカにどのように対処するか）には、問題があります。それはバカの定義をどうするか、ということです。

「バカなこと」を抽象的に定義することはできても、「バカな人」とはどういう人かを正確に絞りこむことはとても難しいです。ただ、明らかなことがふたつあります。

ひとつめは、バカというのは非常に相対的な概念なので、人はもれなく、他の誰かから見たらバカだということです。今日まで詳しい研究がされてこなかったのは、おそらくこのためでしょう（わたし自身も、こうして研究せざるをえない状況になっていなければ、着手していないと思います）。

裏を返せば、誰にでも、その人にとってのバカがいる、と言えます。これが、明らかなことのふたつめです。きっと誰もが、この本を開けばバカの明確な定義が載っているものと思うことでしょう。バカがいることは、当事者にとっては、神がいることよりもずっと明らかなのですから。でも、バカは、はっきりしたことがわかっていない存在です（幽霊についてのほうが解明されています）。みなさんもわたしも、「あれ」が、ひとりのバカの形を取ってわたしたちの生活に現れるという経験について、哲学の力でよりよく把握したいのだと思います。

つい先ほど、わたしはこう書きました。人はもれなく、他の誰かから見たらバカだ。誰にでも、その人にとってのバカがいる。でも、それが当てはまらないケースはないのでしょうか。そこで、次のように考察してみました。みなさんはこれについてどう思うか、考えてみてください。

――《百パーセント知的なものの見方をすれば、バカは存在しない。たとえば完璧な賢人がいるとする。ここではそれを「哲学の神」と呼ぶことにする。哲学の神ならば、世界中を見渡しても、バカはどこにも見当たらない。理由は以下の通りだ。

　哲学の神は、無限の知性をもっている。だから、人間の行動の背景が瞬時にわかる。どんな原因が働きあい、どんな要因が絡みあっているのか。行動のもとになった会話は、なぜヒートアップしたのか。

　哲学の神は、無限の慈愛ももっている。だから、何でも愛情深く受けとめられる。人間の、その場しのぎの愚鈍極まりないふるまいや、場をわきまえない言動や、卑劣なやり口など、何でも。

　哲学の神は、全知全能の絶対者である。だから、世界の成り立ちにはあらゆるものが必要な理由を知っている（わたしたちにとってのバカも必要なのだ）。また、全宇宙は滞りなく運行すると信じていられるから、人間の、どんなにありえないような態度や欠点も、仔細に頭に入れておける（心にも頭にも余裕がある）。哲学の神は、どんなときも「バカがいる」とはとらえない。いわば、レーダーにバカがひっかからないようになっている。見方が完璧だから、バカが消えてなくなっているのだ。》

簡単に言うと、無限の知性と慈愛の心があれば、そもそも誰かをバカだと思うことがないということです。このように考えると、わたしたちがバカとの問題を抱えるとしたら、それは、バカに遭遇すると自分の限界に行き当たるからなのは明らかです。バカは、そこを超えたらもうわたしたちには理解不能で愛せない、という限界点を示しています。限界に来たとき、選択肢はふたつしかありません。

ひとつめの選択肢は、自分の限界内で満足し、嘲笑的な態度を取ることです。バカはあざ笑うことが好きです。それが、自分には理解できないものを楽しむ方法だからです。

ふたつめの選択肢は、バカの力を正しく認識することです。どういうことかというと、バカには、他の人もバカに変える力があるのです。そこでわたしたちは、対抗手段として概念の力を借りましょう。つまり、哲学的に考えてみるのです。そうすることで初めて、バカの上を行けるようになります。「バカの上を行く」とは、単にバカな他者より優れた人間になるということではなく、今の自分のバカなところを克服するということでもあります。

ただ、この選択肢（バカの力を正しく認識すること）には、重大な欠点があります。そんなことが書かれた文章は、読んでも面白くなく、時にはもううんざり、という気分になることもあると思うのです。でも、この本でバカを複雑な装置のように研究できることは保証します。それにわたしは大げさな話をして読者をひきつけようとはしませんし、専門用語は最低限しか使いません。

考察を始める前に、もうひとつ難題があります（ひとつめの難題は、少し前に述べた、「バカな人」とはどういう人かを正確に絞りこむことです）。一口にバカと言っても、あまりにもいろいろなバカがいすぎて、全てのバカを一度に研究することなどできないように思えるのです。

たとえば、自分が正しいとかたくなに信じこみ、疑うことを拒否するバカがいます。逆に、何でも否定して真実さえも疑うバカもいます。さらに、今挙げたふたつのグループを鼻で笑うバカもいます（もっとも、そういうバカは何でも鼻で笑い、避けられるはずの悲劇さえ、せせら笑って避けようとしないのですが）。こうしたいろいろなバカを、全部一度に取りあげるのは不可能ではないでしょうか。

ひとつの解決策としては、バカのタイプやジャンルを定めて、種類ごとに分け、場合によっては樹形図を書くといいかもしれません。でも、思うに、そのようにタイプ分けして類型論のようなやり方をすると、非常に具合の悪いことになりそうです。つまり、バカ全体に、実際にはない秩序や一貫性を与えてしまいそうなのです。

もしわたしが、バカを一覧表にし、いろいろなバカの違いがわかるようにして、それぞれがどんなバカであるか、次々と描写したなら、おそらくいくつかのバカのイメージについては、みなさんも納得し、「いるいる」と思ってくれることでしょう。でも、そうしたバカのイメージは、バカのタイプを抜きだしたもので、いわば香水工場のように、バカの「エッセンス」だけを抽出したものです。そのため、一覧表を作ると、残念ながら、わたしたちの目的とは正反対の結果が生まれてしまいます。つまり、みなさんが自分の経験を過大視し、バカがいる状況に出会っただけなのに、バカの実体に出会ったと思ってしまうのです。さらに、自分にとってのバカが一覧表に載っていればいるほど、ダチョウや赤ブナといった、実際に存在して人間が分類している動植物と同じ意味で、バカと分類できる何か（バカという生き物）が存在すると確信してしまうでしょう（でもそれは、これからわたしが示すように、誤りです）。

そういう意味でのバカというものが実在すると思ってしまうと、知的で優しさにあふれたものの見方から遠ざかってしまいます。すると最終的には、この本も他の多くの本と同じように、みなさん（とわたし）を今より少し賢くなるよう導く代わりに、さらに強い偏見へと追いやることになるでしょう。

そのため、バカを理解したい、バカがわたしたちの生活にいきなり現れないようにもっとうまくコントロールできるようになりたい、と思うなら、バカを分類するというやり方ではダメなのです。

もちろん、映画や芝居や小説であれば、多くの作品で、バカな登場人物たちは特徴を強調して描かれています。そうするとキャラクターがはっきりするからです。不思議なもので、バカな人たちの、想像力のかけらもないふるまいが、結果的にそれ以外の人たちのとてつもない創造力の糧になっているわけですね。

でも、そうやってフィクションにおいていろいろなバカが描かれているという事実こそが、この本でバカの一覧表を作るべきではないというわたしの主張を補強してくれます。つまり、人物を用いて話を進めるのはフィクションのやり方だということです。哲学では、概念を用いて考察を進めます。よって、この本ではバカの一覧表は作りません。

ただ、いろいろなケースをバランスよく見ていけるよう、いくつか、ごく短い小話のような文章だけは用意しました（先ほど書いた、列車や飛行機の通路での会話もそうです）。これは、わたしが抽象的にあれこれ考えてみたこと（頭の中での思考実験）をわかりやすく示すためにそういう形を取ったもので、この本で創作活動をするつもりは全くありません。この本の目的は、理解することです。

さて、ここまで来て、バカの定義をどうするか、という問題がまだ残っていますが、結論としては、この本ではあまり厳密な定義づけはしない、という提案をしたいと思います（哲学ではかなり珍しいことではありません）。バカのことは混沌とした集合体のままにしておくのです。そうすれば、みなさん一人ひとりが、その中に自分にとってのバカを見つけられるでしょう。

そもそもの話になりますが、バカについて厳密に知りたい、とはわたしは全く思いません。バカとはどういうもので、どこから来て、どんなに嫌な増え方をするか、などは正直どうでもよく、ただ、バカに邪魔されずに平穏に暮らしたいだけです。そんなわたしの、ただ人を愛したいだけの、この傷つきやすい心に、バカのせいで、今、問題が発生しています。いや、発生しているどころか、とげよりも痛いくらいに突き刺さっています。

バカはわたしたちを放っておいてくれないし、バカと関わらずに暮らしたい人ほどバカに苦しめられます。この章の冒頭で引用したドストエフスキーの文章に、「自明の理」という言葉がありました。ここでもうひとつ、自明の理を書きたいと思います。それは「バカはわたしたちを支配する」ということです。バカに会うと、その力に飲まれて、こちらもバカになってしまうのです。

ここがまさに謎です。わたしたちは、「理論上は知的な主体」です（主体とは哲学用語で「観察する側」のことで、この場合、バカを見ている人、つまりわたしたちを指します）。知的なはずのわたしたちのところに、バカは、どのようにしてやって来るのでしょうか。どのようにして心に入りこみ、とぐろを巻いた蛇のごとく、意地悪く居座るのでしょうか。

この問いに答えるには、バカが現れると、いつからわたしたちの知性が働かなくなるのかにまず着目し、考察を始める必要があります。

先ほど示した、まとめの三点を、考察の足がかりにしましょう。何度も言うようですが、わたしよりもっと要領がよくてずるい書き手なら、本の最後に結論として出してくるような内容です。

① 人はみんな、他の誰かにとってバカである。

② バカなことの形は無数にある。

③ 一番のバカは自分自身の中にいる。

この三つの考察は完全に正しいのですが、これだけでは今のわたしの悩みは解決できません。そこで、概念を正しく取り扱うテクニックを哲学に借りようと思います。わたしの家では、自室の左手のドア一枚を隔てたところにバカがいます。わたしは、そのドアの向こう側に行って、バカそのものの同居人と顔をつきあわせるたびに、自分の知性のほころびや、親切心の枯渇を感じます。でも哲学の力を借りれば、それを乗りこえられると思うのです。

目次

CONTENTS

第一章

バカは周りの人を引きずりこむ蟻地獄

――バカをバカだと思った人もバカになる

バカの中にも、人ともめたくないと思っている者はいます。誰ともめたくないかは、立場によってさまざまでしょう。たとえば家で、夫の立場であれば妻と。妻の立場であれば夫と。親ならば子どもと。子どもならば親と。あるいは、近所の人と。仕事では、同僚や上司やクライアントと。学校では、先生ならば生徒と。生徒ならば先生と。人によっては、マスコミや警察と……。でも、バカの行動を車の運転にたとえるなら、お互いに他の車にぶつかるまいと、必死でハンドルを切るものの、結局バックでぶつけてしまうような感じです。

この章の内容

- **バカは周りの人を引きずりこむ蟻地獄。**
- **考え方を変えれば、蟻地獄を抜けだせる。**

バカはいきなり現れる

バカは、思ってもみないときにいきなり現れます。そのためこちらは心の準備ができていません。なにしろ、ただ普通に何かをしようとしているときに突然現れるのですから。たとえば、電車や車で移動しよう、きれいな景色を見よう、仕事をしよう、生活を楽しもう、など、つまりは、ただ単に堅実に生きていきたい人の日常のひとコマに、急にバカが割りこんでくるのです。

バカは人を傷つける

不意にバカが現れると、誰でもイライラしてうっとうしく思うものです。それは朝でも夜でも同じですし、直前までの機嫌のよしあしとも無関係です。より正確で少し重い表現をしてもよければ、そのバカのせいで傷つくのだと言えます。たとえ自分に自信があり、「バカが現れても動じずにいたい」と思っていても、やはりバカのせいで傷つきます。そして、自分が傷つくという事実にまた苛立ちます。すると、傷はさらに大きくなり、悪化します。

ここでは、自分が傷ついていることを素直に認め、あえてその傷をよく見つめ、なぜ傷つくのか考えてみましょう。まず試しに、街にたくさんある、バカの事例を思い浮かべてみましょう。たとえば、通行の妨げになっている車のドライバー、散歩中に、犬を蹴り飛ばす飼い主や、道にごみを捨てる人などです。この場合、バカとは、他者への敬意に欠ける人、ほんの常識程度のルールさえ守らない人、つまり、人々が共に暮らすための大切な条件を破る人のことになります。そういうことをされると、条件をちゃんと守っている人は傷つくのです。

バカと社会は表裏一体

ただ、速やかに事実を明かせば、バカによるこうした行動自体が、たいていは、本人たちだけではどうにもできない、もっと根深い社会問題の表れなのです。

たとえば、労働条件は厳しく雇用も不安定な一方で、テレビやインターネットを見れば、一般の人にはとても手が届かないような高額のレジャーや贅沢品の情報があふれています。

職場で人間関係に悩んでも、管理職がうまく調整してくれるわけでもないでしょう。

したがって、状況をきちんと理解するには、「バカが一方的に、社会生活の条件を破って世の中を住みにくくしているのではなく、病んだ社会もまたバカを生みだしている」というように、バカと社会は表裏一体であることも考える必要があるでしょう。

大切なのは、「人間が絡む現象には、他のものにはない独特の奥深さがあるものの、とにかく実際問題として、バカはいる」ということを覚えておくことです。

バカとはモラルの低い人間

バカについて大事なことを、まずひとつ言います。それは、バカとはモラルの低い人間だということです。

わたしたちはみんな、自分の道徳観をもっています。常日頃からそれに沿って行動し、努力を重ねながら、完璧ではなくても、なるべく正しいふるまいをこころがけているものです。そうやって、モラルの高い立派な人間になろうとしているのではないでしょうか。

それと同時に、わたしたちは、他者のふるまいを自分の道徳観に照らして不適切だと思えば、その人はモラルが低いとみなします。バカとは、そうやって周りの人から、モラルが低いと（一時的にでも）思われている人のことだと言えます。

自分がバカの場合、人のことをバカと言えるのか

「バカは蟻地獄だ」という本題に入る前にいろいろと検討してきましたが、このあたりで手短に、反対意見にも備えておきたいと思います。

まず、「はじめに」で書いた三つのまとめを思い出してください。その中に「人はみんな、他の誰かにとってバカである」というのがありました。まず、これに対して考えられる反対意見を書いてみます。

《人がみんな、他の誰かにとってバカであるなら、仮にこちらが誰かをバカだと思っても、その人のことをバカとは言えないのではないか。向こうからしたら、きっとこちらのほうがバカなわけだから……。そもそも、立派な人間とはどんな人のことで、それは誰が決めるのか。》

絶対的なバカは存在しない

この考えを突き詰めれば、絶対的なバカは存在しないということになるでしょう。なぜなら、バカとは相対的なもので、要は比較の問題だからです（人はみんなバカで、程度が違うだけ）。それに、バカを判断する基準になっている道徳観にも、絶対的なものはなく、人によって緩かったり厳しかったりします。そのため、ある人がバカかどうかは、完全に個人の見解に左右されます（その人が自分の目線で見てそう思うだけ）。そういう意味では、バカという言葉は、人それぞれの個人的な好みを反映しているだけ、ということになりますね。

バカはみんな同じではない

というわけで、確かにバカは比較の問題なのですが、ひるまずに先を続けます。人はみんな、他の誰かにとってバカである。わたしは心からそう思っていますが、それは、バカはみんな似たようなもの、ということではありません。一人ひとりがバカを独自に評価するのですから、そうした評価を集めて見比べれば、当然、一致する部分もしない部分も出てきます。

大多数の人がバカだと思えばバカ

そこで、この本で取りあげて分析する対象は、ある時ある場所で、困った状況になった場合に、本人以外の大多数の人がバカだと思うような人とします（人によって細かい考えが多少違っていてもよしとします）。

先ほど、絶対的なバカは存在しない、と書きましたが、それについてもう少し考えてみましょう。順番としては、客観的に見てバカな人が先に存在しているわけではありません。ある人のことを、たくさんの人が、自分の主観で「あれはバカだ」と思えば、それがその人たちの共通認識となり、結果としてその人は客観的に見てバカ、ということになります。人々の主観を全部合わせたときに重なる部分、つまり共通部分が、結果として客観性になると言えます。

したがって、バカは比較の問題だから、客観的に真偽を判断し、真理を追究することはできない、というより、バカな人に下される「バカ」という評価こそが、人の立ち位置は周囲のとらえ方で決まるという、まさに人間関係の真理を表していると考えられます。

立派な人間とは

では、立派な人間とはどのような人のことでしょうか。おそらく、この本でバカだとして取りあげている性質とは逆の性質を備えた人のことでしょう。他者に敬意を払う。常識的にふるまう。マナーがいい。ルールを守る。モラルが高い。親切で優しく愛情深い。共感力が高い。冷静に行動できる。知的で考え方が柔軟で話し合いができる。何かあっても寛容に受けいれて、他の人と共生できる。そうした人ではないでしょうか。

立派とは言えないふるまいをすればバカ

したがって、やはりわたしの結論は、先ほど「バカとはモラルの低い人間」のくだりで書いたのと同じです。人は誰しも、立派な人間になろうと努力しているものですが、それでも、たとえある時ある場所に限ってのことでも、他の人と比べてうまくできなかった人、つまり、立派とは言えないふるまいをしてしまった人をバカとするなら、やはりバカは実際にいると考えてよい、となります。このことは、細かい点では多少異論があっても、みなさんに納得していただけると思います。

バカは醜悪で不快

ただ、ここでおかしなことが起こります。バカをバカだと思う人は、バカに比べれば立派な人間のはずなのに、なぜかバカを止められないのです。

先ほど「バカは人を傷つける」のくだりで、街で見られるバカの事例をいろいろ挙げましたが、自分のことをいわばバカの目撃者役だと思っている人たちは、自分のほうが人間的に上だと感じてもいるはずです。どういうことかというと、仮に誰かが、あるふるまいをしたために、（たとえ一時的にでも）低レベルだとみなされるなら、他の人たちはそれより高いレベルにいることになるはずだからです。

ですから、誰かのふるまいが間違っている、非生産的である、危険である、という場合、周りにいるわたしたちがすべきことは、その人よりも優れた人間性を発揮して何か行動し、ちっとも怒らずに、困った状況をすんなりと立て直し、バカによる被害を食い止めることでしょう。でも、それができません。なぜでしょうか。

それは、バカはモラルに欠ける、あるいはモラルが低いというだけではないからです。ここでバカについて、もうひとつ大事なことを言います。「バカであることはただの欠点ではなく、醜悪でもある」ということです。バカであることは、人間の欠点の中でも不快なほうだと言えます。

嫌悪感で親切心も愛情も消え失せる

本当の問題はそこから始まります。まずわたしたちは、人のことを劣っているとみなす自分にショックを受けます（もちろん、劣っているとみなすには「必ず」、「それなりの」理由があります）。そして、自分が、人に対して引いたり、軽蔑したり、嫌悪したりという感情をもっていることに気づいてまたショックを受けます。さらに、そうしたネガティヴな感情が生まれると、もともともっていたポジティヴな力は、まさに根こそぎ奪われてしまいます。

たとえば、公衆トイレで流さずに出ていった不潔なバカ男がいて、その後にあなたが入ってしまったらどう思いますか？　あるいは、たまたま出会った資産家のバカ女が、自分が金持ちだから何をしても許されると思っていて、あなたに失礼な態度を取ったらどう思いますか？

わたしたちは、そんな人たちより自分のほうが人間的に優れていることを、理屈でも感覚でもわかっています。でも、たとえ優れた資質をもっていたところで、それだけでは、その人たちのバカさを喜んで受けいれることなどできません。その逆で、ものすごくイライラします。相手をその場に置き去りにしたいと思うことや、いっそこの世から消し去りたい、と思うこともあります。そうした気持ちが強ければ強いほど、相手のことをバカだと強く思います。すると、相手に対する親切心や愛情は、潮が引くようにサーッと消えてしまいます。バカとは、自分で自分の周りに引き潮を作っているような存在です。

バカのせいで感情が高ぶる

このように、わたしたちは、形の上では道徳観に照らして人をバカだとみなしていますが、それと全く同時に、相手と感情面での関わりをもっています――つまり、感情が高ぶるのです。

感情の高ぶりには、いいものと悪いものがあり、この場合は悪いほうです。具体的には、イライラしすぎて、深く考えもせず反射的に、みんなが共に暮らす社会など諦めようと思うのです。諦めたら、自分が救われるのか破滅するのか、それさえ、もはやどうでもよくなっています。とにかくバカが憎くて、まさに「バカ滅ぶべし」という気持ちでしょう。

バカは蟻地獄

こちらが冷静さを失うと、からくり仕掛けのようなものが作動しはじめ、バカの罠にかかってしまいます。罠にはいろいろなパターンがあるので、ひっかからないようにするために、わたしもいろいろなたとえを駆使しながら、この先何度も説明していきたいと思います。

これまでのわたしたちは、人々の生活を台無しにするバカを、いわば全員で輪になって取り囲み、自分たちより下に位置づけることで合意しているような状態でした。でもバカに嫌悪感をもちはじめると、今度はこちらの共感力がなくなってきます。

そうやって、悪循環が始まります。仕組みを簡単に説明します。

① あなたが相手のことをバカだと悟る（このバカを仮に《バカA》とする）。その思いはどんどん強くなる。

② ①に比例して、親切心がなくなる。

③ ②に比例して、自分が思い描いている理想の人間像から遠ざかる。

④ ③に比例して、敵対的な人間、つまりバカになる（その何よりの証拠に、この時点であなたは、バカAにとってのバカ、すなわち《バカB》です）。

それも無理はありません。だって、あなたはこのバカのすることの一つひとつに傷ついていて、もう顔も見たくないくらいでしょうし、自分の心のゆとりだって守る必要があるでしょう。それなのに、向こうはあなたをイライラさせ、嫌悪感を抱かせます。でも、あなたがバカを受けつけない気持ちになればなるほど、向こうはあなたを罵倒してきます。

するとあなたは、さらに受けつけない気持ちになり、軽蔑心を強めます。その軽蔑心は、蟻地獄の砂のようにあなたを深く引きずりこみます。確実に向こうが悪いのですから、嫌いになるなと言うのは無理な話です。でも、嫌えば嫌うほど、あなたは、バカの蟻地獄に落ちていきます。

バカと相対すると、建設的な方向に進むことがとても難しくなります。そうなってしまう経緯を蟻地獄にたとえてみました。

人の欠陥をあげつらうような態度は、たちまち、その欠陥の主を貶めるだけでなく、それを見ているほう（自称「目撃者」）の品位をも落とすことにつながります。ちなみに、「はじめに」で主体（外から観察する側）という哲学用語を出しましたが、逆に観察される側（この場合、欠陥の主）のことは客体と言います。

つまり、人はバカに対して、ただの「目撃者」ではいられない仕組みになっているということです。確かに、バカを前にした人が中立の立場でいられる、とすると矛盾がありま す。人は誰かをバカだと思った時点で、相手に敵対的評価を下しているわけですから、すでに、その人の敵なのです。そして、中立性を失えば、自分も無傷では済みません。なぜなら、人をバカだとみなすこと自体が、今ここで相手に示せる愛情と親切心が減ることに直結するからです。

こうして見てくると、バカがすごく厄介なのは、問題を生むと同時に、その問題を解決するために必要なもの（人の愛情や親切心）を壊してしまうから、ということになりますね。

では、この章のポイントです。各章の最後にポイントを載せますので、困ったときはいつでもここを見てください。

第一章のポイント

バカにモラルを求めてはいけない。
あなたが誰にでも愛情深く親切にふるまえば、
問題は解決する。

第二章

バカの言動にぼう然としても気をとりなおすには

（海水浴場にて。大きな音で音楽をかけている人と、そのそばに来た人の会話）

「すみません、こんにちは……。ここの砂浜、すごくいいですよね」

「はあ」

「信じられないなあ、この広さ、開放感……」

「……」

「やっぱりスピーカー持参ですよね、好きな音楽を聴くのは楽しいからなあ」

「はあ」

「うん、ぼくも大好きで、イヤホンを持ってきたんですけどね……。うーん。うちのパラソルの影、ご迷惑になったりしませんか？」

「いや。どうせ影は動いていくしね」

「ちょっとお願いが……つまり、そのほうが、みんながもっと楽しめるかもしれないなって……。音のことなんですが……」

「音が何か？」

この章の内容

- バカは「苦痛」だが「悪」ではない。人は無意識の推論により、「苦痛」と「悪」を混同してしまう。
- バカと出会うのは、他の人と出会うのと同じ「出来事」であり、こちらの対応次第で、良い結果にも悪い結果にもなる。

バカはすぐうつる

第一章では、バカに接するとバカになるという悪循環についてお話しし、その環のことを、「蟻地獄」と呼びました。そんなことになるのは、バカが「バカ証明書」を首からぶらさげていないからです(「バカ証明書」が、よく見えるようになっていれば、早めに距離を取ることもできるでしょうに)。それに、バカには極めてうつりやすいという特徴があり、バカがひとりいると他の人もあっという間にバカになります。人をバカだと思ったときには、自分もバカになりはじめています。なぜなら、人をバカだと思うということは、冷静さと分析能力をなくしているということだからです。したがって、バカな人たちから逃れようともがけばもがくほど、新たなバカが「自分の中に」生まれる手助けをすることになります。ＳＦ映画よりおぞましい、悪夢のような状況ですね。そうなると、みなさんがパニックになるのもよくわかります。

悪循環を断ち切る

この悪循環の環を断ち切ろうという努力の結果、哲学、宗教、神話、文学、芸術など、さまざまな分野で、たくさんの考察が生まれました。それをざっくりとまとめると、「人は誰でも、感じのいい人に好感をもち、微笑みかけてくれる人に微笑みかえす傾向がある」ということになります。これもまた環になっていますが、こちらは好循環の環です。

わたしたちが「愛情」（あるいは「好意」）と呼んでいる現象は、いろいろな要素が集まって生まれますが、この好循環の環では、そうした要素が人と人との間で働きあい、一方の愛情や好意を糧に、もう一方の愛情や好意が生まれます。

でも、バカはそれとは正反対の現象を引きおこし、わたしたちは敵意のぶつけあいに巻きこまれます。すると、当然ながら、解決方法は、反発しあっている状態を変えることになります。

したがって、この問題の解決策は、すでにいろいろな本などに書かれていることではありますが、シンプルにこちらの方針を変える、ということになるでしょう。憎しみをぶつけられたら愛情で応え、無礼なふるまいを許し、常にバカとは逆の態度を取って、右の頬を打たれたら左の頬を出す——つまり、人をいらつかせる粗野なバカに微笑みかけるのです。わたしたちは、バカになりそうになったら、元のちゃんとした人間に戻らなければなりません。そうすれば、相手もまともになるでしょう。そのためには、まず自分が寛大になるしかないのです。

道徳心に火をつける

バカにイライラして、つい忘れそうになった道徳心を取りもどすこと。これを「道徳心に火をつける」と呼んで、みなさんに実践するよう提案したいと思います。ただ、残念ながら、道徳心に火をつけるのには難しいところがあって、その難しさは、きっと誰もが経験したことがあるでしょう。実際、道徳心に火をつける際には、次のことが必要になります。

①　衝突に向かう全ての力を妨げること（たとえば、バカとこちらの双方が不快な態度を取れば衝突必至です）。

②　そのために、原因と結果の筋道を断ち切ること（バカが不快な態度を取るから、こちらも不快な態度を取る、というようなことはやめましょう）。

③　つまり、ことの成り行きが、悪い方向に行かないように流れを止め、良い方向に向けること（バカの不快な態度に対し、こちらは好ましい態度で応じます）。

ところが、こうしたことをするのはとても難しそうですし、そればかりか、不条理にも思えます。

こちらを見下してくるバカに、わたしは味方だよ、とウインクで合図する。こちらが今まで進めてきたことを全部わざとぶち壊すバカに微笑む。それだけでもエネルギーを使うものです。

みなさんにお聞きします。そんな力がどこにありますか？　バカを目の前にして、いったいどこからそんな力が湧いてくるのでしょうか？　だって、ついさっき、こう定義づけたばかりなのです。極めてうつりやすいという特徴があるのがバカ、すなわち、こちらが道徳的にふるまう力を減らすのがバカだと。

道徳心に火をつけることにより生まれる力

わたしは、道徳心に火をつけることをみなさんに求めていますが、実は、そうすれば力が生まれることを前提にしています。つまり、バカを目の前にしたとき「実際には」その力がないことは承知していますが、道徳心に火をつければ、「理論上は」、やるべきことをやる力が必ず出せるはずなのです。

したがって、道徳心に火をつけることは、キリスト教の伝承における、聖性（人が聖人になること）や神の恩寵と同じ理屈によるものです（ただし、宗教や文化は問いません）。道徳心に火がつけば、自分のものとは思えないくらいの、自分を超えた力、時には超人的な力が出ることもあるでしょう。そうした力が、わたしたちの足りない部分を補ってくれそうです。だとしたら、道徳心に火をつけるには、自分を超えた力や、ともすれば超人的な力の媒体に、自分がなれるようにしなければなりません。その力を何と呼ぼうと自由です。神でも、神々でも、精霊でもいいですし、歴史の潮流でも、何らかの霊験でも、芸術家のインスピレーションでも、理性の力でもいいです。そのどれであっても、とにかく普段以上の力がどこかから湧いてくることが、道徳心に火をつけるためには必要でしょう。そして、その「どこか」とは、「よそのどこか」に他なりません（つまり、あなたやわたしや、ましてやバカからは、そんな力は出てこないということです）。

力の出どころはどこか、という問題については、大勢の先人たちが熱心に書いてくれているので、このくらいにしておきます。みなさんには、わたしが重要だと思う側面にだけ、ご注目いただければと思います。そこを見ていけば、この道徳心に火をつけるという発想には、天才的とは言わないまでも、興味深い提案が含まれていることがおわかりいただけると思います。

この発想は、「バカと向きあうという困難を乗りこえる力を与えたまえ」という敬虔な祈りのようなものですが、それだけではありません。こちらに向けられるバカの力を、わたしたちは押しとどめる必要さえなく、自然に引っこむようにもっていけるという展望を示して、バカの仕組みを説明してもいます。では、どうしたらバカの力は引っこむのでしょうか。

バカは「苦痛」だが「悪」ではない

すでにお話ししたように、バカと接すると心が傷つき、弱くなります。最初に受ける印象では、こちらの力が「完全に」奪われるような感じがするかもしれませんが、もちろんそんなことはありません。確かに、バカはわたしたちに苦痛を与えますし、たいていは自分のことも傷つけています。でもそれは、バカが「絶対的に」「悪」だということではありません。わたしたちがそう思ったり言ったりするのは、興奮してつい大げさになっているからです。事実、「悪いことをすること」と、「(存在自体が)悪であること」は別ものですが、これまではパニックになって混同してしまっていたのです。

① **バカは事態を悪化させる**(=悪いことをしている)。

② **バカはわたしたちに苦痛を与える**(=悪いことをしている)。

①と②は同時に起こります。①は知性を用いた判断です。②は感じた内容で、バカとわたしたちの関係を物語っています。

①と②は明白な事実ですが、このふたつから、「バカとは、普遍的で絶対的な『悪』だとされているものを具現化したものである」という結論は導きだせません。でも、みなさんはそう思っていましたよね（正直に言ってください）。しかしながら、絶対的な「悪」の概念とは、人間関係を考慮に入れずに定められるものであり、いつどんな場面で使われても、有効でなければなりません。

思考の飛躍

さて、そうした「悪」の概念が、疑いなく確かなものであるかどうかは、ここでは議論しませんが、みなさんは、苦痛のあまり、相対的な事柄から絶対的な言明へと思考が飛躍してしまったことを認めなければなりません。

相対的な事柄とは、この場合、バカの個人的な行動と、それに対するあなたの個人的な反応（苦痛）です。絶対的な言明とは、前に出てきた「バカ滅ぶべし（この世の全てのバカなことは徹底的になくさなければならないし、できれば目の前にいるバカも消し去りたい）」のようなものを言います。

もう少し説明すると、バカの存在によってあなたが苦痛を覚える場合、その苦痛は、あなたに限定された、あなただけが感じる苦痛です。たとえば、別れた夫や妻などが、「掃除機を返して」としつこく言ってくるときに感じる苦痛がそうです（一緒に暮らしていたときに使っていた古い掃除機です）。あるいは、仕事仲間が、こちらは何度も同じことを言っているのに、指示を守ってくれないときに感じる苦痛もそうです。

そうした限定的な苦痛から、全てのバカは「悪」だという考えに至るのは飛躍です。

無意識の推論

こうした思考の飛躍は、個から全体に移っているので、思考のプロセスとしては、帰納法と呼ばれるものになります。でも、この帰納は誤りです。

こうして無意識に間違った推論をしたことで、あなたの中にバカの菌かウイルスが入ってしまったようです。事実、あなたは相対的でしかない真実を絶対的だと言い切り、全世界を裁く裁判官のようになっています（もちろん、無意識にではありますが）。ところが、自分の意見は絶対だと思うことは、バカのすることです。バカはいろいろとうぬぼれているもので、自分を神さまのようにも思っています。

さあ、これでみなさんは、今からわたしが言うことを認める心の準備ができましたね。いいですか？　バカに苦痛を与えられても、そのことから、バカの存在は「悪」だという結論は出せません。バカが露呈しているバカなところでさえ、「悪」だという結論は出せません（バカが犯罪行為をしている場合はまた別です）。

実は、このように考えることには、とても大きなメリットがあります。例の「蟻地獄」の砂を止めることができるのです。

蟻地獄ができるのは、こちらが傷ついてぼう然としてしまうから

では、なぜ砂を止めることができるのでしょうか。まず、これまで見てきた、蟻地獄ができる原因を整理しましょう。

① **お互いのふるまいや言葉のやり取りのせい**
② **相手のふるまいに傷ついて（ショックを受けて）、ぼう然としてしまうから**

このうち、②のほうが、より大きな原因です。したがって、この状態から立ち直ればよ

いのです。

ここからはたとえ話です。バカのふるまいに傷ついてぼう然としたあなたは、傷ばかり見てしまい、めまいがしてきました。めまいは、世界がぐるぐる回る感じがします。あなたの力と思いやりは、めまいでバラバラになって、やはりぐるぐると、お互いを追いまわすように回っていました。苦痛を覚えたあなたは、バカの存在は「悪」、あるいは「災い」だと考えてしまいました。これを簡単に表すと、次のようになります。

① バカのせいで傷つく→ぼう然とする→力も思いやりも出せない。

② バカのせいで傷つく（苦痛）→バカの存在は「悪」あるいは「災い」だと考える。

これは、あなたの中にできてしまった、やはり悪循環の環ですね（バカのせいでバカになる）。この環は、バカとあなたの間にできた悪循環の環（バカがうつってバカになる）を、途切れさせずに維持してしまいます。

バカのせいで傷ついてぼう然としているうちに、間違った考えに至ってしまう。それを防ぎたくて、この章には「バカの言動にぼう然としても気をとりなおすには」という章題をつけました。

蟻地獄は、パニックになると生まれる錯覚です。パニックが続くと蟻地獄は大きくなります。あなたは抜けだし方を知らなかったので、バカ本人か、バカの愚かさを消すしか方法はないと思ってしまったのです。思考がこのように連鎖するのは、自然で仕方のないことですが、おかげであなたの考察は行きづまってしまいました。それは、こうした思考の連鎖が単純に間違っているからです。

バカであることのマイナス面は、簡単にはなくならず、何らかの出来事の形で表に現れることが多いものです。その場合、その出来事は苦痛ではあっても、「それ自体」は「悪」ではありません。その点は、他のあらゆる出来事と同じです。

現実の出来事ならどんな展開もありえる

さて、みなさんもご存じのように、ひとつの出来事には必ず、いろいろな展開をする可能性があります。うまくいったり、いかなかったり。まあまあうまくいったり、ギリギリなんとかなったり。どうなるかは、前もって決まっているわけではありません（ただし、因果関係は存在します）。

生まれたばかりの赤ちゃんは、何も身につけず、柔軟で、どんなふうにでも変わっていけます。現実の出来事も同じです。つまり、錯覚ではなく現実の出来事なら、必ず、その先どんな展開もありえるのです。

バカがバカなことをしてきたら、自分の思う道徳を実践するいい機会だととらえよう

でも、一日中、セクハラめいたことを言ってきてあなたに苦痛を与えるバカの場合は、もちろん、どんなふうにでも変われるという次元を超えていて、まさに一種の「導き」だと言えるでしょう。そう、バカはあなたを何かへと仕向けているのです。でもその何かは、暴力ではありません（あなたは暴力を振るったら蟻地獄に落ちてしまいます）。聖人になることでもありません（聖人は簡単になれるものではありませんが、もしなれるなら、遠慮せず、なってください）。

バカはあなたを試練へといざなっています。そんなときあなたは、このバカは、道徳を実践するいい機会だととらえるべきです。

あなたが誰かのことをバカだと言うとき、自分の道徳観を基準にするのはもっともなこ

とです。あなた自身、日頃からその道徳観に沿って、立派な人間になるための努力をしているわけですから、ぜひ実践してみましょう。

第二章のポイント

バカがバカなことをしてきたら、
自分の思う道徳を実践しよう。

第三章

「向こうが悪い」という思考はやめて、自分の真価を発揮するチャンスにする

不満がたまると他の人に吐きだし、何にでも文句をつけるバカがいます。

そういうバカは、あなたにさんざん人の悪口を聞かせてくることがあります。あらゆる悪口が大好きで、人の悪口ならいくらでも言えるので、嬉々として悪口を言いつづけます。あなたが黙って口を挟まずにいれば、それだけであなたのことを本当に素晴らしい人だと思ってくれます。

でも、そういうバカは、後でまた怒りがたまってきたら、別の話し相手を見つけて、また果てしなく悪口をぶちまけます。人に対していくらでも不満があるので、今度はその新しい話し相手に、あなたのことで不満を言いかねません。あなたに対して、どんなふうに、どうして、どのくらいがっかりしているかを、延々と語るわけです。

この章の内容

- **バカに目撃者はいない。いるのは共犯者だけである。**
- **否応なしに巻きこまれてしまうからこそ、わたしたちはバカに関心をもち、行動して状況を変えたいと考える。**

あなたはバカより優位な立場にいる

バカはもれなく劣った人間ですが、だからといって、全人類に絶望するほどの理由にはなりません。みなさんもそう思いますよね（ただし、ここまで読んできたけれどもさっぱりわからなかった、という場合は別です）。

みなさんは、バカのせいでパニックになったのも、もう収まりましたね。それなら、おわかりいただけると思いますが、バカに出会うと、こちらの身には一度にいろいろなことが起きます。

①　モラルのギャップを感じる（バカのほうが低い）。

②　挑むべき課題が生じる（バカのモラルが低いせいで起こる事態に備えなければならない）。

③　相手はバカなので、必然的にこちらが一歩リードし優位に立つ。

まだ自分のほうが優位な立場にいると思えませんか？　①と③をよく読んでください。向こうはモラルの低いバカです。

バカは「課題」である

さて、神の恩寵は必ずあると信じている人や、道徳的にふるまう力は自分の意志で出せると考えている人には申し訳ないのですが、自分がもっている以上の力を出そうとする必要はありません。むしろ、そのとき自分がもっている力でなんとかしなければなりません。

少しご説明します。バカは絶対的な「悪」ではなく、相対的な「悪」であることはすでにおわかりでしょう。だから、一口にバカと言っても、程度はいろいろで、ひどいバカであればあるほど、即対処しなければならないこともおわかりになるでしょう。バカが害を及ぼしそうなとき、あなたや他の人は、それを阻止するのに最適な対応を、その場ですぐにするよう求められます。

立派な人間になろうとする人の努力をあざ笑うようなバカの態度など、もはや気にしないことです。もうわたしたちにはわかっています。今、まさにこのバカに課題を出されているのは、完全にあなたです。立派な人間になりたいと思っているあなたが試されているのです。

そうやって、バカは課題だと考えると、この本のこれまでの内容を新しい視点で見なおすことができます。それに、無理に道徳心をふりしぼらなくても、蟻地獄から抜けだして二度と落ちないようにすることもできます。

バカは課題だと考えると、バカは絶対的な「悪」ではないと認識でき、バカとの相乗効果のネガティヴな部分（相手のバカさ）から、注意をそらすこともできます。相手のバカさは、あなたがぼう然として冷静な判断力をなくしてしまうと、心の中で増幅し、拒絶の環が始まって、あなたまでバカになってしまいます。

バカに出会ったら、まずは、ただひとつの大切なものに注意を戻すだけでいいのです。何も変える必要はありません。その出来事が、あなたの人間性に対して投げかけてきている「課題」に注意を向けてください（出来事自体はどのようなものであってもかまいません）。

あなただけの課題

わたしが課題だと言うのは、バカはいわばあなたに声をかけているわけですが、その声がけには、手紙で言えば親展のような個人的な性質があることを強調するためです。つまり、バカとの出会いは、偶然あなたに訪れた行動のチャンスであると同時に、人を相手にする出来事でもあります。それがたとえ、初めて会った知らない人で、この先二度と会うこともない人だとしても、その人は今、あなただけに話しかけています。

もうおわかりだと思いますが、バカに出会ったらまず、ふたつのことをしっかり意識しましょう。ひとつは、そのバカ自身が蟻地獄にはまっている最中だということです（どんな蟻地獄かは気にしなくていいです）。もうひとつは、そうした状況では、あなたが、いわば唯一の希望だということです。わたしたちがみんなで一緒に向上して立派な人間になれるかどうかは、あなたにかかっているのです。

あなたまで蟻地獄に落ちないようにするために、しっかり覚えておかなければならないことがあります。それは、バカは、あなたの思う「立派な人間」という概念に当てはまらない人間がいるということの表れだということです。

その概念を守るべき人は、あなたしかいません。ですから、平和と融和を取りもどす役割は、あなただけが担っています。当然です。相手はバカなのですから、そんなことは期待できません。したがって、相手がバカであればあるほど、あなたが賢くならなければなりません。あなたが事態の理解に努め、事態を好転させなければならないのです。

第二章で書いたように道徳心に火をつける場合、ありあまるほど豊かな愛情が必要です。相手のしていることに愛情をもって対応しなければなりません。でも実は、そうした愛情は、壮大な主義主張（神の愛、世界の調和、理性主義、プラグマティズム、精神主義など）の中にしか見当たらないものでもあります。

課題にしてしまえば、人はひとりで取りくむもののように思い、自分ひとりに課されたものだととらえて、すぐに行動できます――そう、バカはまるで封書のようです。あなた宛の、封をした手紙で、あなただけが開けるべきもの、というわけです。

バカに目撃者はいない

バカという親展をあなたに送ってきたのは、運命だという人もいれば、神だという人もいるでしょう。あなたが受取人というこの状況は、わたしに言わせると、やはり、バカに目撃者はいない、ということになります。どういうことかというと、バカが現れたとき、あなたは外側から観察しているわけではありません。そのため、あなたが「自分は目撃者だ」と言っても、実際はそうではないということです。あなたは、その人がバカなことと自分は無関係だと言うでしょう。そうしたらわたしは、その人をバカだと認識したのはあなたなので、あなたにも何らかの関係があると答えます。そういう意味では、こう言われると嫌かもしれませんが、バカとあなたは同じチームの仲間なのです。

あなたはバカを前にしたときに、自分が仲間だと認めたくなくて、頭の中で帰納という危険な間違いをしました（わたしに苦痛を与えるバカは絶対的な「悪」である）。つまり、状況の単一性を消して一般化したのです。

みなさんは、まだキツネにつままれたような状態でしょうか。では、今からとどめを刺すような感じでとてもショッキングなことを書きますが、これを読んで目を覚まして我に返ってください。「バカに目撃者がいないのは、共犯者しかいないから」です。

自分の役目に意識を向ける

つまり、自分もバカの共犯者だということ。これは実に不愉快な考えですよね。わたしもそう思ったことがあるのでわかります。でも、わたしたちは、自分の体に深々と刺さっているとげを抜かなければなりません。そろそろ痛みの原因を取り除いて、バカのいる状況での自分の役目に、意識を向けなければなりません。

というのも、あなたがすごく怒っていて、その怒りが無駄に強くなっているのは、責任の所在について考えているからです。それを考えることで、バカがバカであることから自分を免罪してほしいのです。あなたは、この衝突を生んだのは自分ではないから、解決するのは自分の役目ではないと思っています。

あなたはこんなふうに思いを巡らせているのではないでしょうか。

《率先して平和を目指すのがわたしの役目だということ？　だとしたら、暗にこう言われているわけだ。相手がバカなのはわたしのせいでもある、こんなことになった責任の一端がわたしにもあると。ことを収めるためにこちらが折れて出たら、それを認めることになってしまう。》

いいでしょう。あなたが抵抗するのも当然です。バカがバカであることの道義的責任は、間違いなく向こうにあります。それはわたしも同感です。それに、衝突の原因は常に向こうにありますし、バカなのは確実に向こうです。

でも、そこを重要視するのは間違いです。このバカはもうあなたの人生に出現してしまったのですから、もはや嘆いている場合ではありません。あなたが、向こうが悪いということにこだわるのなら、それはそうかもしれませんが、この人生はあなたのものです。ですから、自分に関係がある現状にのみひたすら注意を向けるべきです。そして、どんな選択が可能かを見極めて、一番効果的な戦略を選ぶのです。おわかりいただけたでしょうか？　あなたの人生に降って湧いてきたその出来事は、今、あなたに対応を迫っています。

確かに、あなたの人としてのあり方に関わる大きな課題が、そんなふうに気取ったバカ女やバカ野郎の姿と声をまとって現れるなんて、控えめに言ってもびっくりですよね（それに残念だし笑えます）。頭の中がバカへの軽蔑心でいっぱいだとしても、理解できます。でも、ご存じないでしょうか？　ヒーローはどんなときでも悪臭を放つ怪物を倒さなければなりません。「こんなのおかしい！」と叫んで、何かの間違いだと思いこもうとするのはやめましょう。自分の人生にこのバカの入る余地はないという考えは捨てましょう。なぜなら、実際はその正反対だからです。バカはあなたに話しかけています。完全にあなたに話しかけています。そして今、能力を発揮すべき人はあなたです。

目的はバカが害を及ぼすのを阻止すること

これであなたの立ち位置は変わりました。今度は、どんな選択が可能か、あらためて考えてみましょう。なぜなら、あなたにとって、バカを滅ぼすことはもはや重要ではないからです。

そのバカは、あなたと出会う前から存在していて、この先も、おそらくどこか別の場所で人生を続けていくことでしょう。それならば、あなたの目的は、バカが害を及ぼすのを阻止することに絞られます。それがすなわち、その人をあなたの人生から物理的に排除することを意味する場合もありますが、必ずしもそれができるとは限りません。時には、害を及ぼすのを完全には防ぎきれないことさえあります。

でも、これからはあなたが、いわばゲーム盤のサイズをきっちりと決めるのだということはおわかりいただけるでしょう。ゲームの駒は、あなたが好きなように置きなおしていいのです。誰を巻きこみ、誰を味方につけるか、自分で決めていいのです。たとえば、相手が上司だとか目上の人だとか、ヒエラルキー上の理由で直接批判できない場合も、同様です。うまく周りに味方を置きましょう。

バカはあなたが真価を発揮する絶好のチャンス

　したがって、確かにバカは、場の雰囲気を悪くし、あなたが大切に思っているものを踏みにじっているのですが、そうすることであなたが真価を発揮する絶好のチャンスを与えてくれてもいるのです。だから、粗暴なふるまいをしてはいけません。理性を保ち、焦らないでください。今こそあなたの知性と機転を見せるチャンスです。そうした長所が唯一役立つのが、こんなときなのです。知性や機転は「バカといるときに、バカのおかげで」意味をもちます。せっかくの、人として優れた資質も、それを使わざるをえないような不幸な出会いがたまにはないと、意味がないのではないでしょうか。

　どんな出来事も、いい結果に転ぶこともあれば悪い結果に転ぶこともあり、主体（観察する側）と客体（観察される側）もコロコロと入れ替わるものです。物事は考え方次第ですから、他の人たちがバカであることは、あなたの道徳心を育てるためには、好ましく、また必要なことだと考えましょう。バカは、ちょうどいいところに降って湧いたチャンスなのだと、ぜひ、すぐにでも理解していただきたいと思います。

　それにこのチャンスは、他の誰でもない、あなたのためにあつらえたかのようなチャンスです。その場にあなたが居合わせたということは、そういうことなのです。そういう意味で、今、わたしは、バカは紛れもなくチャンスだと結論づけ、何度でもこう言いたいと思います。

第三章のポイント

自分から折れて平和に解決しよう。

第四章

バカに対する感情をどう処理するか

記憶力や知識をひけらかして人から尊敬されようとする「知識自慢」のバカは、スマホが発明されてから本当に苦労しています。かわいそうに、そういうバカは、何かのパーティーなど人が集まる場に行くとうろうろしていて、まるで氷河期をかろうじて生き延びた恐竜のようです。

そういうバカが、たとえば古代オリエントや、アメリカの社会体制について、何かを語っているとします。それを聞いている相手は、スマホをさっと武器のように取りだして、ウィキペディアで確認します。見ていて、これほど痛ましい光景はないですね。ハンターが絶滅危惧種の動物を殺しているみたいな感じがします。

ある一定の場所で何かの生物が減れば別の生物が増えます。そうした生態系の働きは、生物学の世界ではよく知られたことですが、バカの場合も同じです。残念ながら、「知識自慢」のバカが絶滅に向かっていても、それと同時進行で、「経験自慢」のバカが増えています。

「経験自慢」のバカは、どこの国に行った、どこの街に行った、誰を知っている、誰と知り合いになった……と、いろいろな場所や人の名前をまくしたてて自慢してきます。そういう、向こうの自慢したいことをこちらが経験していない場合、こちらはバカのうれしげな様子を見ていることしかできませんし、向こうがわけもなく漂わせている、できる人間のような偉そうな空気もまるごと受けいれなければなりません……。そういうバカは、レインコートの前こそ開けませんが、どうしようもない露出狂です。実際の露出行為は、考えただけでも恥ずかしく、頑として「しない」のに、経験なら平気でひけらかすのです。

この章の内容

● **バカに対して起こる激しい感情について深く掘り下げて考え、著者とみなさんで優れた発想を得る。**

ここまでのおさらい

ここまで、バカについて分析してきましたが、残念ながら、みなさんはまだ半分くらいしか納得されていないことでしょう。

でも、普段から何かに対して、これは絶対的な「悪」だと考えないようにすることが大切だということ。それは、論理的に考えて感情の負のスパイラルを止めれば可能であること。ここまでは、もちろん理解していただけましたね？

それから、バカは「悪」ではなく、単なる「苦痛」であること。みなさんの戦いの目的は、その苦痛を取り除くことだということ。ここまでも、いいですね？

バカのしでかしたことを自分の課題ととらえるにあたり、みなさんは意識を向ける方向を変えました――つまり、バカのせいで失ったもの（時間、忍耐力、冷静さ、自信、生きる喜びなど）を追い求めるのではなく、どうしたら、今ここで再び忍耐力と冷静さを発揮し、生きる喜びを表せるかを考えるのです。バカは、そういうものを見つけるよう、あなたに促しています。

とはいえ、わたしにはわかります。あなたにとって、大事な秘密を漏らしたバカや、部屋の窓の下でバーベキューをするバカが、人生への真の「贈り物」だなんて、認めがたいことでしょう。お気持ちはわかりますが、あなたは間違っています。理由はこれからお話しします（お断りしておくと、わたしがこの考察を進めるのは自分のためでもあります。というのも、わたしの家にいるバカは、実に無邪気に、いわば無意識に、わたしの人生をボロボロにしてやろうと心に決めているのではないかと思われるのです。——なんと、この文章を書いている今も)。

人は何度でも蟻地獄に落ちる

人は何度でも蟻地獄に落ちます。蟻地獄とはそういうものだと思って、考察を進めましょう。思いやりにあふれた人たちでも、みんなそうなのです。道徳哲学の一般的な基礎知識があっても(つまり、叡智への道を知っていても)、ちょっとバカと関わるだけで、論理的な思考力など一発で吹き飛びます。たとえば、バカが車で信号無視をする。その車があなたの車にぶつかってくる。車はへこまされ、しかもバカがののしってくる……。そういうとき、論理的でいられないのは、そうなってしまう仕組みになっているからです。

わたしたちは、頭ではもうわかっています。わたしたちの思う「悪」は、ほとんどが相対的なものだということ。よって、課題ととらえられること。よって、人生におけるチャンスだということ。

でも、実際には、新たな試練が始まるたびに、絶対に苦痛を受けたと自分が感じたら、毎回、すぐにうろたえて、バカのせいで逆上してしまいます。それがたとえちょっとした苦痛でも（正直、たかが車です）。

この本の「はじめに」で書きましたが、この先も、たいていバカが勝ちます。だからこそ、逆上してはいけません。

「打ち上げ花火効果」

ちょっと苦痛を受けただけで、うろたえてカッとなってしまう。それを「打ち上げ花火効果」と名づけ、これからそう呼んでいきたいと思います。どういうことかご説明しましょう。まず、夜空に大きな花火がドーンと打ち上げられたとします。暗い夜空に色鮮やかに輝く花火に、わたしたちは目を奪われます。意識も花火に集中し、他のことはあまり見えなくなっているのではないでしょうか。それと同じように、人は何らかの激しい感情をもつと、そこだけに注意が行き、いろいろなことを考える余裕がなくなるものです。一度に考えられることの数は、そのときの感情の強さに反比例します。その感情が、怒りでなく、喜びや愛情の場合も同じです。

そして、花火が明るく輝けば、それだけ周りは暗く見えます。次々に打ち上げられる花火を、人は目で追います。ずっと花火だけを見つめていると、こんなに明るい光は今まで見たことがないように思えてくるかもしれません。感情が激しければ激しいほど、周囲の闇は濃くなります。ショックなことが次々に起これば、視野はどんどん狭くなり、限定された場での出来事が絶対的なものに思えてきます。もう最悪だ、と。

それは、単に苦痛で思考が妨げられているからではありません。わたしたちは、バカに話しかけることにさえ嫌悪感をもちます。それは、この「打ち上げ花火効果」によるところが大きく、何度も何度もバカに注意が行ってしまうから、嫌悪感を覚えるのです。

激しい感情が爆発したらどうなるか

激しい感情をもつとどんな影響があって、どんな作業が必要になるかは、普通はあまり理解されていません。なぜなら、哲学者も、哲学を勉強中の人も、大部分は感情の抑制について論じることを特に重視する傾向があるからです。ただ、そうした言説のなかにも優れた発想があることは認めなければなりません。

バカに対する激しい苛立ちや、他人の不幸を食い物にする人間に対する軽蔑心が爆発しそうなときは、抑えなければなりません。もちろん、そうするのは、思いやりからでも、ましてや礼儀からでもありません。別の理由があるのです。それは、激しい感情の力が大爆発を引きおこせば、大事なものを失くす可能性があるからです。別の言い方をすれば、あなた自身の利益と衝突する可能性があるのです。あなたはまだわたしに、その大爆発が起きたのはバカのせいだと言うでしょうか？　それは違います。暗闇が花火のせいではないのと同じです。一方、もしあなたが激しい感情を爆発させたら、それは、あなたと周囲に甚大な被害を及ぼす力があるのです。

激しい感情は、こうした爆発力をもつことから、とにかく、混乱、すなわち無秩序を招くもののように思えます。それに、バカ自体も混乱の要因です。したがって、先ほど述べたように、感情を抑えることを勧める言説には、非常に賢明なものがあります。感情を抑えることでしか、バカに対する支配力は取りもどせません。そして、バカに対する支配力を取りもどさなければ、宇宙の運行はあなたにとっては乱れたままですし、最低限、あなたが平穏を得ることもできません。

激しい感情を抑えることは可能か

しかしながら、抑えるという概念は、何か抑止力のようなもので激しい感情に対抗しなければならないことを示唆しています。まるで、理性の声で感情を黙らせることができるかのようです。それは可能でしょうか。

では、試しに具体策を考えてみましょう。即対応が必要な出来事には、一歩下がってよく考えてみることが必要でしょう。強烈な体験をしたら、冷静になって考えてみること。自分の主観では理解できないことは、客観的に見なおしてみること。どれも良識的です。良識には常に純粋な気持ちが伴うもので、ここにもそれがあふれています。

実は今の文章には欠点があります。どれも二元論的な発想なのです。物事を対立するAとBのふたつに分けて考えるやり方です。この場合、一歩下がること、冷静さ、客観的なものの見方は、秩序か無秩序かで言えば秩序の側に属します。逆に、その場で焦ること、動揺すること、主観的なものの見方をして理解しないことは、無秩序の側に属します。秩序が「よいもの」ならば、必然的に、無秩序は「悪いもの」になります。でも、そんな単純な話でしょうか。

わたしが大学でこういう話をすると、せっかちな学生は、無秩序の利点を探し、「無秩序は悪いものではありません」と言います。しかし、問題は対極にあるもの（この場合、秩序と無秩序）をどう評価するかではなく、二元論的な考え方そのものなのです。

では、二元論とは別の考え方をしてみましょう。そもそも、秩序というものは、一度できたら終わりではなく、状況に応じて変化します。そのような「生きた秩序」ならば、無秩序を受けいれて（つまり、無秩序も込みで）新たな秩序を生むこともできるはずだ、と仮定するのは難しくないことです。その場合、秩序と無秩序は対立する事柄にはならず、秩序が無秩序を含む形になります。

同様に、感情を抑える仕組みと、激しい感情をもつことも、対立する事柄ではないという考え方ができます。ただし、感情とそれを抑える機能との間に何か関係があるとすれば、当然、激しい感情をもつと制御機能が生まれる、ということになるでしょう。だとすれば、感情は自己制御力をもっているということになります。興味深い示唆ですね。はたしてそうなのか検討するには、感情と「秩序」あるいは「無秩序」の概念はどのようにつながっているか、あらためて考えてみる必要があります。

感情も出来事であり課題である

恐怖、悲しみ、怒り、憎しみなど、おおまかに言うとネガティヴな感情には必ず判断ミスが伴いますが、ネガティヴな感情は単なる判断ミスによるものではないと仮定してみましょう。ちなみに判断とは、完全に論理的に決めたことです。

ネガティヴな感情の多くは、外面に表れます。脈拍が上がったり、汗をかいたり、顔が赤くなったり、涙が出たり、といった激しい変化は見ただけでわかりますし、数値を測定することもできます。そうした変化が数多く表れていれば、どんな感情をもっているのか、外部から識別することができます。つまり、感情も出来事としてとらえることができます。出来事であり、ふたつめの課題でもある、と受けとめるべきでしょう（ひとつめの課題はバカとの出会いです）。

バカの存在と同じく、憎しみや怒りなどの存在も、ミスとしてではなく、事実として受けいれなければなりません。たとえば、人が苦労して何かしてあげても、一切報いようとしないバカがいるとします。お金のかからない、ちょっとした感謝の言葉さえありません。あなたは、そのバカの存在に耐えなければならないだけでなく、バカのせいで生まれる感情も処理しなければなりません。そんなときは、効率を考えると、まず感情を処理し、次にバカに対処すべきです。

激しい感情をもってしまうのはなぜか

激しい感情もまた出来事だとすれば、そうした感情はほとんどの場合激しすぎるので、秩序と無秩序では完全に無秩序側だということは、ひきつづき主張してもよいでしょう。でも、よく考えると、この発想は論拠が希薄です。というのも、感情が激しすぎると判断するには、感情が、ある限度を超えている必要があります（「〜すぎる」の定義からするとそうなります）。限度が存在するには、どこが限度なのかが、あらかじめ（心が高ぶったときのことは考慮に入れずに）決まっている必要があります。そして、限度が存在するからには、それを決める外部の仕組みがあることが、当然考えられます。

だとすれば、感情が激しくなりすぎるのは、「その辺にしておけ」と、外部から抑えつけられることがいちいち刺激になって反発してしまうからではないでしょうか。

激しい感情に歯止めをかけようとして干渉してくるものとは、何でしょうか。たとえば、道徳観がそうです。あなたは、相手がバカであっても、ののしらないほうがいいことはわかっています。バカに対して起こる激しい感情は、心の中にある、人は慎み深くあるべきだという思い（あなたが守りたい思い）と、当然ぶつかり、葛藤が生じます。ネガティヴな感情がもつ力は、心の中で障害に遭えば遭うほど、暴力に変わります。でも、そこで感情を爆発させて、出会ったバカ全員をののしるようなことをしてはいけません。激しい感情が心をよぎったら、適切な表現方法を見つけなければなりません。

わたしたちは、「激しい感情＝無秩序」、「激しい感情＝無思慮」、「激しい感情＝度を越している」というように、ふたつの事柄をすぐに結びつけがちです。しかし、ここで一番大切なのは、無秩序や無思慮や度を越したことが生じるのは、外部からの干渉のせいであり、激しい感情のせいではない、ということを理解することです。

比喩を使って説明しましょう。風に対して仕切りを置くとします。バカがよく考えずにいくつも仕切りを置けば、風で壊れる可能性も増えます。でも、壊れるのは風のせいではなく、そうやって仕切りを置いたバカのせいです。

感情を出しきる

あなたは自分の感情を悪者にせずに、真の困難に立ち向かうべきです。その困難とは、激しい感情をちゃんと表現する方法を見つけることです。ちゃんと、という言葉で何を言いたいかというと、感情を全て残らず、ふるまいと言葉で表現し、その感情がもつ力を出しきることに挑戦しなければならないということです。

他にも必要なことがあります。

① 状況に適した表現をすること。

② 感情が外部から拒絶されたり否定されたりせずに、受けいれられ、理解されるような形で表現すること。

③ できれば、その表現によって、今後のあなたの、人との対話がよりよいものになること。

こうした、感情を和らげ、状況に適したものにするための努力を、もしかしてあなたが、ちょっと間抜けだとか保守的だとか思っているなら、それはあなたが、感情は抑えたほうがいいという視点でわたしの提案をお読みになったからでしょう。大丈夫、間抜けでも保守的でもありません。それどころか、あなたの心の痛みは、たとえば腸の病気の痛みが和らぐように、きっと和らぐでしょう。わたしたちの痛みは、一滴残らずバカに飲みほしてもらいましょう。

第四章のポイント

感情は抑えようとすれば爆発する。
うまく表現して、とことん出しきろう。

第五章

バカに説教をしてしまうのはなぜか

象とクリスタルガラスは全く違うものですが、なんと、このふたつの特徴を併せもつバカがいます。生きた象の体がクリスタルガラスでできている、と想像してみてください。重さ数トンのこわれものが、長い鼻を揺らし、自由にのし歩き、なんならドスドス走ってこちらに来るわけです。そういうバカは、初めて会って握手をした瞬間に、危ない、嫌な感じがします。慎重に扱わなければならないということが、最初からわかるのです。こちらは、バカに何か言うときも、バカのほうを見るときも、ほぼ毎回、軽業のように、巧みに衝突を避けなければなりません。

バカは次から次へと現れ、わたしたちは、うまくよけられているか必ずしも確信がもてないまま、この軽業を続けます。するとそのうち、全部ガッシャーンと壊れる日が来ます。わたしたちは、バカが粉々に壊したものを見つめながら、取り返しのつかない事態というものを味わいます。それは何よりもつらい経験ですが、バカも派手に壊れるという点では、何よりも素晴らしい経験でもあります。

哲学者のなかには、慰めようという意図で、「取り返しのつかないことというものは、要は避けようのないこと、つまり必然だったのだ」と言う人もいます。

でも、それは優しい嘘です。取り返しのつかないことのほとんどは、偶然の事故で起きます。そして、それこそがまさに、バカとは何かを言い表しています。バカはそうした偶発的な出来事を、回避不能にしてしまいます。偶然を必然にしてしまうのです。

この章の内容

- **人はバカに対して含みをもたせた説教をしがちである。**
- **こうした説教はバカに対して無力であることの表れであり、効果はない。**

ここまでのおさらい

さて、第四章ではいろいろと分析を行い、問題を適切に絞りこむことができました。つまり、「わたしたちの生活を台無しにするバカ」という、今ここにある課題について考えよう、ということでしたね。そして、みなさんは正しい方向に向かって努力できるようになりました。つまり、激しい感情には逆らわず、素直にうまく出していこう、ということでした。

バカは人の資質ではない

自分の感情を処理できたら、次はバカにどう対処するか考えましょう。

まず、みなさんにはあえて一点に注目していただきたいと思います。その一点とは、たとえどこをとっても不快な人間がいても、「バカであること」は「賢い人であること」と全く同様に、人の資質ではなく、いわば行動様式だということです。

いやいや、「バカ」という言葉にはふたつ意味があって、「バカなこと（行為がバカであること）」と、「バカな人（人の資質がバカであること）」の両方を指している、などと、ここで理屈をこねることはいったんやめておきましょう。

年季の入ったバカはいても、生まれつきのバカはいません。バカとは、もって生まれた性質ではないのです。したがって、「バカなことをすること」と、「バカであること」は、結局は全く同じことを意味する表現だということです。人はバカなことをすればそのときはバカである。バカなことをしなければバカではない。これについてはみなさんも納得していただけることでしょう。

バカという問題の解決方法

さて、バカという問題に対して、一番よく提示される解決方法を、ここに書いてみます。次の①については、どうしてこの解決方法になることが多いかというと、バカは資質ではなく行為だからなのです。ちなみに、わたしはこの「どうして」の部分に関心があります。

〈バカという問題の解決方法〉

① **行為だけを別個に切り離して考えること。**

② **次の❶と❷は無関係なものと考えること。**

　❶ あなたがどんな人間か（立派な人間）

　❷ バカがあるべき姿（もうひとりの立派な人間。バカなことをしているときには、そうなれていない）

「バカがあるべき姿」と書きましたが、バカのせいで怒りが湧くと、すぐに「べき」という義務の話になると言ってよいでしょう。バカのすることと、立派な人間がすべきふるまい方（少なくとも、あなたが思う「立派な人間」の概念に沿ったふるまい方）の間には断絶があります。

この「べき」という言い方はどうなのか。もう少し思いやりをもつにはどうしたらよいか。そうした議論は今は置いておき、まずは説教めいた態度について考えてみたいと思います。

行きつくところは説教

バカに対するあなたの反応はさまざまでしょう。ひたすらののしる。その場で長々と話しあう。非難の言葉をつぶやく。面倒なことになったので頭の中でいろいろ考える。実は、どれも行きつくところは同じです。つまり、普通、人はバカと関わるといろいろ考えさせられますが、それは全て小言や説教になるのです。

「ダメじゃない、バカなの？」

「ほんと、バカみたいなことして」

「バカはやめなさい！」

こんなにシンプルで短い表現でも、いくつもの説教のパターンがありますね。

説教とは相手の価値体系を変えようとすること

もともと、わたしたちの頭の中には、「立派な人間になるためには、一通りの道徳上の義務がある」という、普段からもっている考えがあります。バカな行為を目にすると、無意識のうちに頭が素早く働いて、自分の思う義務と、それと一致しない行為を、心の中で照らしあわせます。そして、白い四角の枠に青い丸の積み木をはめこもうとしているサルのように、そのふたつをコンとぶつけあいます。でもどうしようもありません。それはぴったりはまらないのですから。

とはいえ、全てのふるまいをひとつの道徳観で評価し、その道徳観のベースとなる価値体系を相手に共有してもらおうという姿勢は、あながち間違っていないのではないかと、みなさんはお思いになるでしょう。それはわたしも同感です。

実は、説教が効果を上げるには、相手の側に、いくつかのルールを理解した上で、そのルールが有効だと認める能力がなければなりません。人が誰かに説教をするときには、そうした相手の能力をあてにしています。そうやって、自分がバカであるがゆえにどんな行為をしているのか、本人に認識してもらうのです。というのも、バカは自分がバカなことをしたことに気づけば、当然、バカであることをやめるからです。

そういう意味では、わたしたちがすぐバカに説教をするのは、バカな人をバカなこと(行為)から引き離すための努力に他なりません。ひょっとしたら、それがいわゆる和解への第一歩になるかもしれません。バカを敵ではなく味方にしたい。だから、味方になるようバカを説得するために、いわばこちらの世界のルールを説明するのです。向こうがそのルールを認めれば、どちらも、同じひとつの出来事を前にした、立派な人間になれるわけです。

したがって、説教とは相手の価値体系を変えようとすること、となります。バカが自分の行動と自分自身を切り離し、こちらが大事にしている価値体系を採用することで、それまでは不適切なふるまいをしていても、以後、同じことを繰りかえさないようにしてほしいのです。

つまり、わたしたちは、相手の主観の方向性を変えようと努力しています。それが変われば、相手は自分の行為を、もともともっていたのとは別の道徳観である、こちらの道徳観と照らしあわせます。相手は自分の過ちに気づいたら、その道徳観に沿って人間性を高めなければなりません。

その際、わたしたちは、まず価値体系を共有しないことには、道徳観も共有できないということを理解します。どういうことかというと、人の道徳観には、ベースとなる価値体系（その人が物事について考える際の基準）があります。価値体系は、物事に対する（質的な）判断で成り立っていますが、その価値体系に同意している場合に限り、それに沿った道徳観で人を比較して（量的に）点数をつけるようなことが可能です。道徳観だけを取りだして、ものさしのように使うことはできません。

義務を主張するとどうなるか

さて、一番大事なのは、説教めいた話はどれも、「義務」の概念に訴えているということです。わたしたちは、義務を果たさなかった人にそのことを気づかせようと努め、その人が気づくことで、今後よりよい人間になってくれることを期待します。

ところが、ここであっと驚くような逆転現象が起きます。バカとバカでないほうの人（わたしたち）の立場が入れ替わるのです。どういうことか、これから詳しく述べていきます。

実は、人は誰かに、道徳上の義務をもちだして説教をするとき、妙に含みをもたせた言い方になるのです。つまり、説教の種類が、直接的ではない、ほのめかしのような、言外の説教になるのです。もちろん、具体的な状況における実際の会話は、最終的にはののしりあいになることもあります。でも、とにかく、ごく単純な言葉の裏で、ある表現の仕掛けが働いているので、これからそれを明らかにしていきます。それは、実際にバカに言っている言葉には表れていません。話している当人も気づいていない、含みのようなものです。それを言葉にして書きたすと、このような感じでしょうか。

「きみは本当なら、～すべきだったのにしなかった（ぼくがどうこうじゃなくて、道徳上の義務だよ）。」

今のは、過去に焦点を当てて道徳上の義務を果たさなかったことを責めるパターンですが、未来に焦点を当てて義務を果たすように伝えるパターンだとこんな感じでしょうか。
「そういう行動はやめるべきだ（ぼくがどうこうじゃなくて、道徳上の義務を教えてあげているだけ。だって、ぼくの力ではきみのこんなバカな行動を阻止できなかったわけだから、ぼくはきみに意見するつもりはない）。」

こうして言語化してみると、話し手はとても不思議な態度を取っていることがわかります。話し手の実体が、話している本人とルールのふたつに分裂しているのです。ルールは概念ですから、人が、人と概念に分裂する、というのがつかみづらければ、こんなイメージで考えてみましょう。話し手が鏡の前にいるとします。鏡には話し手の姿が映っています。話し手はこんな態度を取っています。

●物理的に言葉を発しているのはぼくの口
●きみの行動がいいか悪いか判断し、この話をしているのは、鏡の向こうの幻のぼく

不思議ですよね。要は、自分は別のものに口を貸しているだけだという態度です。これが仮に、預言者が神のお告げを口にするときの話なら、全く不思議ではありません。言いかえると、この話し手の話は、自分の関与を隠すように組み立てられていて、自分が出している指示（「きみはこうすべき」あるいは「こうすべきではない」）を、外部の権威に託しているのです。

人はこうした説教めいた態度を取るとき、なぜいつも他の何かの判断をあおがないといけないのでしょうか。それは単純に、話し手が何かを義務だと言っても、その話し手の言葉だけでは、本当に義務だという信ぴょう性に欠けるからです。つまり、そう主張している話し手には、相手を説得できるだけの権威がありません。というのも、相手から見れば、このとき実際にバカなのは話し手のほうだからです。

分裂しているのは話し手だけではありません。説教をされる側のバカの実体も、やはりふたつに分裂していることがよくわかります。実際にバカなことをした人と、その人がなりそこねた、話し手の想像上の立派な人間がいるのです。

話し手が分裂していると考えると、人がバカに説教をするときの仕組みがわかってきます。話し手は、バカも分裂させて、そのままのバカと、バカのあるべき姿のふたつを見ているのです。これも、バカが鏡の前にいるとして考えてみましょう。

●そのままのバカ
●鏡の向こうにいる、バカがあるべき姿（話し手の思う立派な人）

要するに、ふたりが横並びで鏡の前にいるような構図です。誤解しないでいただきたいのですが、わたしには、相手を立派な人間にしようとすることに問題があるようには思えません。なぜなら、説教で相手を変えて、人類が全員、みなさん（この場合、わたしの読者のみなさん）のようになれば、今よりずっとうまくいくでしょう。みなさんそうお思いになりますよね。わたしも同感ですし、心からそう信じています。

含みのある説教について考える

含みのある説教は、不思議な構造をしています。話し手が事実から目をそらしているようなところがふたつあるのです。ひとつめは、話しているのは自分ではなく、自分の口を借りた誰かであるかのような態度です。ふたつめは、目の前にいる相手のことを話すというより、自分が思う、相手がなるべき姿について話しているところです。この不思議な構造の正体を突きとめることが必要だと思われます。

では、含みのある説教について、簡単にまとめてみます。

① 話し手は、他の人の義務の話をするとき、自分ではない者が話したり考えたりしているかのようである。

② 話し手は、義務を無条件のルールのように述べている。しかし、神でもないひとりの人間が、有効条件を先に明示せずに真理を語っても、それは真理とは言えない。

③ 話し手は、バカがすでにバカではなくなったかのように、バカの行為（バカがしたバカなこと）を解釈している。言いかえると、自分が見込んでいる結果が得られること（バカが立派な人間に変わること）を前提としている。

このあたりの理解はたやすいでしょう。話し手が現実から目をそらしたような言い方をするのは、バカに対して無力だからです。無力だから、直接対決を避けているのです。

説教とはバカに助けを求める行為

説教めいた態度を取れば、たちまち、大声で罵倒したり、くどくどと小言を言ったりということになりかねません。そうなれば、結局同じです。言おうとしていることを、整然と言葉にすることはできないでしょう。先ほどの①~③のような性質の説教をしても、相手にはよく理解できません。日常会話における議論の分析に習熟している哲学者ならまた別ですが(ちなみに哲学には、形式論理、非形式論理という用語があり、日常会話などは非形式論理に入ります)。

でも、説教について、理解すべきことはひとつだけです。つまり、含みのある説教をする人はみな、自分の無力さをひしひしと感じているのだということです。義務を無条件のルールであるかのように語り、人はどうあるべきかと主語を大きくするのにも理由があります。自分の言いたいことを、自分が先頭に立って、お互いに納得できる言い方で言うことが、もはやどうしてもできなくなっているのです。

つまり、説教めいた話は、実は、どうしていいかわからず混乱している状態をやりすごしたくてこぼす愚痴のようなものです。なぜ愚痴かというと、そこで使われる言葉には、ほぼ意味がないからです。意地悪なバカやその他の嫌なバカを前にして、あまりの苦痛に表現力がいわばバラバラになってギュッと縮こまり、おかしなふうに発揮されてしまっているのです。

「わたしが言っていることをわたしは言っていない」

常軌を逸した言い方ですが、こういう意味だと解釈できます。

「何がどうなっているのかもうわけがわからない。いいかげんにしろよ、このバカ」

説教は、助けを求める声です。話し手が頑として引かず、自分は何も言っていない、これを言っているのは自分ではない、という態度で説教をしている場合は全て、完全に助けを求める声です。

でも、それはどうかしているということを、みなさんはわかってください。説教をすると、敵に助けを求めることになります。しかも、自分の豊かな表現力を捨てて。そんなことをすれば、わざわざ自分から悪夢を見にいくようなものです。そんな必要がありますか？　どうか目を覚ましてください。

第五章のポイント

説教めいた態度はやめよう。
道徳上の義務と照らしあわせて
人の行動のよしあしを判断するのも
今すぐやめよう。

第六章

バカに説教をしても通じないのはなぜか

電話会社の「お客様相談室」に電話で問い合わせをすると、オペレーターが対応します。でも、オペレーターはマニュアル通りのことしか言わないので、わたしたちは相手の無能さを、嫌になるくらい思い知らされます。オペレーターにつながるまでの間も「0を押してください」「1を押してください」「1を押してください」「1を押してください」と、自動音声で何度も指示されて長時間待たされ、やっと人間につながったかと思ったら、向こうはこちらの質問に面食らっている様子です。バイトだから専門的知識が足りないのでしょうか、それとも本当に無能なのでしょうか。

さんざん待たされただけでも、屈辱的な気分です（まあ、屈辱的な思いをすることは普通に生活していればよくあることで、現実とはそんなものですよね）。それが今度は、自分の無能さに対する怒りに変わってきます。こんなに待たされてでも問い合わせをしないとわからなくて困る自分が内心恥ずかしくて、それが怒りとして現れるのです。その間も、オペレーターは新しいサービスや特別キャンペーンを案内してきます。正直、そんなことより相手の首を絞めてやりたくなります。

要するに、わたしたちとオペレーターはどちらも無能です。たとえば、犬やキツネは、噛まれたら怒って反撃しようとしますが、それと同じで、厄介な問い合わせを受けたオペレーターは、「お？　やるのか？」と、こちらの胸ぐらをつかんでくるような感じです。電話会社がわたしたちのコミュニケーションを実現してくれた部分はありますが、これではある意味、コミュニケーションができない状態に逆戻りです。与えておいて取りあげるのは、与えないよりなおひどい。わざわざそんなことをするのは電話会社だけですね。

こうした「お客様相談室」は、コミュニケーションに関して誠心誠意努力しているように見せかけて、その実、問題を解決するよりも、次の請求書が発行されてこちらがまた問い合わせようと思うまで、棚上げしておく方向でがんばっているようです。

この章の内容

● **バカに説教をしても通じない。それにはさまざまな理由がある。**

哲学の喜び

バカがしつこいほどにバカなおかげで、わたしたちは道徳哲学の基本をみっちり学べています。大丈夫です。考えることを楽しめるなら、バカではないと保証できます。ですから、たとえこの先、この本の内容が難しくなって、みなさんが眉間にしわを寄せることになっても、いわゆる「哲学の喜び」には耐えられるとわたしは信じています。「哲学の喜び」とは、おおざっぱに言えば、自分の概念を守っている壁を自分で壊すことです。壁を割り、外に出て、新たな領域を開拓しようではありませんか。

説教めいた態度について考える

ということで、わたしと一緒にこんな仮説を検証してみてください（この仮説はまだ立証されていないと思います）。

――《人はバカに説教をする。それは、ストレートな説教でも含みのある説教でも、自分の無能さに対する怒りから出る愚痴である。人はバカに道徳上の義務という概念を当てはめようとする。バカのせいでぼう然としてしまい、どうしたらいいのかわからなくなると、バカを、自分が思う、あるべき姿に変えようとするのだ。つまり、説教にはこんな言外の意味がある。

「わたしは自分の望み通りのふるまいをきみにさせることができないから、『道徳上の義務を守るべきだ』と言っている」》

おそらく、これに対してみなさんからは、「道徳をもちだすのが悪いような言い方だが、道徳を批判するのは違うのではないか」という意見があるでしょう。「道徳があるから、人は節度を保って共に暮らしていけるのであり、何らかの価値体系を、みんなで守る絶対的なルールにしないと、どうしようもない」と。さらにそれに対しては、こんな意見が考えられます。「道徳批判に罪悪感をもつのは、道徳に対する盲信であり、それは必要のない罪悪感だからすぐに捨てていい。ルールに縛られて自主性や改革が妨げられては、どうしようもない」

価値体系としての道徳に敏感なのはいいことですが、それと、今わたしが述べていることとは、全く無関係です。というのも、今は説教の話をしていて、まだ道徳そのものの話はしていないからです。人と人との対話において、ひとりの人間が別の人間に対し（たとえ言外であっても）、説教めいた態度を取るということ。これは、是非はともかく、誰でも必ずすることです。一家のお父さんでも、誠実な女友達でも、逆に、空気を読めない、知ったかぶりな人でも、同じです。

説教に出てくる義務の概念は、相手を言葉で操って何らかの行動をさせることを目的としたもののように思えます。相手には、自分からその行動を取る理由はありません。義務の概念は、話し手にとってはこんな働きをします。

①　自分がその行動を望んでいるという事実が曖昧になる。
②　なぜ説教をするような状況になったのか、考えなくてもよくなる。
③　相手に求めていることに筋が通っているかどうかも、考えなくてもよくなる。

こうして相手を動かそうとしているわけですが、これでは、生産的な対話はできません。

説教をしても効果はない

だとすれば、実は説教めいた態度には合理的な根拠がない可能性もありますが、まずは、こうした態度を取っても、とにかく効果はないということを明らかにしたいと思います。
みなさんは次の文を、自分がバカに言われたと思って、あらためて読んでみてください。

「もうこんなことはダメだぞ。おれがどうこうじゃなくて、道徳上の義務を教えてやってるだけ」

どうですか？　痛くもかゆくもないでしょう。虚言癖がある人の嘘の話を聞くのと少し似ています。あなたは相手が説教をしてくるのを、言わせておいても聞いてはいません。相手の話には真実のかけらもないと思っています。
したがって、説教は、現実の問題の答えとしては不十分だと認めなければなりません。ここでは、話者の間でお互いへの信頼が失われていることが問題です。相手が、本当のことや、自分が受けいれられることを言えるだろう、という信頼がないのです。これは決定に重要な点です。たとえば、鳥が木の枝に止まっているように、言葉が木の枝にのっているとしたら、その枝が、バカの存在とバカの落ち度によって折れてしまっているようなものです。より正確に言えば、人の対話の中にある何かに、ロックがかけられているのです。そのロックは、コミュニケーション機能が働かないようにすると同時に、相手への信頼という、ちょっとしたやり取りにおいても基本となるルールを無効にします。

説教をすれば、この信頼がないという問題を、最初の一回くらいは避けて通ることができます。話し手は、自分の言っていることは自分の管轄下にはないので、自分のことを一切信頼していなくてもこの話を受けいれていいのだと、相手に示唆しているわけです。こう言っているのと同じです。

「道徳上のルールというものが本当にあって、それを作っているのはおれじゃないけど、そのルールでは、ああいうふるまいやこういうふるまいは禁止だから」

よく考えてみると、話し手は、説教めいた態度を取ることによって、自分の発言への関与を、かなり巧妙に隠しています。実際、どちらも相手の言い分にもはや耳を傾けようとしない状況で、コミュニケーションを復活させるためには、自分の発言ではないふりでもするしかありません。

説教がうまくいかない理由

では、なぜ説教めいた態度を取っても、これほどまでにうまくいかないのでしょう？理由はふたつあります。まず、その説教が正しいとする根拠が全くありません。それに、説教という方法を取ること自体が、話者間の信頼が失われていることの反映でしかないのです。

したがって、説教という形は何の役にも立ちません。バカはあなたが理屈を並べて認めさせようとしていることについて、一切知ろうという気がないのです。そもそも向こうは、あなたの理屈を全く理解できません。

こうして、信頼の危機は、説教の正当性を争う戦いになります。説教の正当性についてもめるなら、当然、説教の中身の受けとり方についても、もめることになります。その結果、説教は、表面的には品位と徳があっても、問題の場所を移すだけで、解決しないのです。

逆に説教をしてくるバカ

実際、弁が立つ相手の場合、今度は向こうが意気揚々と説教をしてやり返してきます（残念ながら、たいていのバカは弁が立ちます）。みなさんは、たとえば善と悪の違いをわかりたいと思っていたり、人のふるまいを場にふさわしいものにする望ましい方法があることを知っていたりと、道徳に関心が高いかもしれません。しかし、たとえそうであっても、この場合、道徳を平然と無視しているのは向こうなので、そんなバカに道徳を説かれるいわれはありません。

価値体系が違うバカ

さらに悪いのは、価値体系が違うバカを相手にしたときでしょう。本物のバカな人たち（今わたしたちの友達ではなく、これからも決して友達になることのない人たち）は、わたしたちとは違う価値体系をもっていて、その価値体系では、わたしたちが許せないとみなすふるまいが完全に正しいと思われ、逆にこちらのふるまいが間違っていると思われる、などということが起こるのです。

価値体系をもたないバカ

さて、この本では、さまざまな真実を明らかにしていかなければなりませんが、今から書くことは、その中でも、一番認めがたく、一番奥が深く、一番耐えがたい真実かもしれません。まず、人がバカになるときは、自分の意志でなるのではなく、たまたま間違えたとか、何かが及ばなくてとか、逆に何かが行きすぎてとか、その場の状況で仕方なく、というパターンもありますが、それとは別に、価値体系をもたないバカがいるのです。

こうした真実を明るみに出さなければならないのは残念ですが、わたしたちみんながこのことで苦しんでいるからには、物事を正面から見すえたほうがいいでしょう。

人類を豊かにするような身体的、言語的、文化的差異を、一般に「他者性」という言葉で呼びますが、この言葉が指すものはそれだけではありません。「他者性」は、あらゆる社会と社会階層に、一貫性がなくても気にしない人が存在する、ということも意味します（しかも、単独に存在するのではなく、同調する仲間もいます）。そうした人たちは、わたしたちと違う価値体系をもつのではなく（違う価値体系をもっているなら、その価値体系自体は興味深いです）、何の価値体系ももたないことに価値を見いだしていて、要するに、全く支離滅裂なのです。

そうしたバカをここでは「価値体系をもたないバカ」と呼ぶことにしますが、もしみなさんがそうしたバカの存在を疑っていらっしゃるなら（わたしもついこの前までなら疑ったでしょうけれども）、どんなバカなのか、ご紹介しましょう。

「価値体系をもたないバカ」は、うっかりタイプではありません。常軌を逸していることもありません。意地悪でもありません。しかも仕事では優秀です（本物のバカがまぬけなことはまれです）。たとえるなら、輝かしい、本物のダイヤです。それも、今までわたしが近寄る機会があった中では一番純度の高いダイヤです。この人たちは、理解する能力はありますが、理解しようという気がありません。別の言い方をすれば、自分のバカさに、勇ましくしがみついているのです。

バカにこちらの価値体系を受けいれる理由はない

そんなわけで、相手がどんなバカであれ、とにかくバカに説教をするとぶつかる最大の困難は、そもそも説教というものが、最低限の、共通のベースがあることを前提にしていることです。そのベースを起点にして話しあい、自分たちのふるまいを評価しようとしているわけです。しかし、たとえば自分の子どもだとか、より広く言えば自分と愛情で結ばれている関係ではないバカの場合、こちらの価値体系を受けいれる理由も、それを理解した上であらためて検討するという努力をする理由も、一切ありません。一緒にルールを作ろうという意見さえ拒否する人を前にすれば、お互いを理解することは不可能になり、誰にもなすすべはありません。

バカから見たわたしたちは無

バカはなぜ交渉しようとしないのでしょうか。それは、わたしたちが正しいとは全く思っていないからです。みなさんはこうおっしゃるでしょうか。だとしても、理性はわたしたちとバカの両方より正しいのだから、お互いが同じように従えばいい。なぜそれを拒否するのか。

どうやら理解されていないようですね。バカはわたしたちを求めていないのです。こちらに敬意をもっていないだけでなく、何よりも存在を眼中に入れたくないのです。わたしたちのことは考えないのです。向こうの最大の望みは、わたしたちが全く存在していないかのようにすることです。より正確に言えば、わたしたちの存在とそれが引きおこすものには、一切正当性がないかのようにふるまうことです。

たとえば、わたしたちはいろいろな感情をもちます。欲望や考えや希望や恐れを抱き、相手が困るような要求をすることもあれば、逆に、愛情をもっていてもそれを抑えたりもします。そうしたものは、行動や言葉や人に与える印象として表面に現れます。

でも、バカから見ると、わたしたちは無で、何も起きていないのです。そうした態度はとても愚かですし、そもそもとても無礼なので、こちらはぼう然としてしまいますが、次のことをきっぱりと認めなければなりません。両者の間で、お互いに思いやりをもつというあり方はたった今崩れ、成りたたなくなったのです。共存というあり方と言ってもいいでしょう。わたしも、これを書いている自宅でそんな経験をしましたが、おかげでわたしの目の前には、大げさでなく、人生最大の、目もくらむような深い溝ができました。

対話ができないなら、正当性を主張しても通らない

こうなると悲惨で、なんとか対話らしきことをしようと努力しても全て無駄に終わります。なぜなら、バカとこちらの間には、もはや信頼も、共通の望みさえも、一切ないからです。したがって交渉など論外です。もう言葉も通じません。

そういうわけで、こちらが自分より上位にある正当なものをもちだしたところで（理性でも、道徳でも、神でも、何かわかりませんが哲学で言うところの「絶対」でも）、相手に無視されて対話にすらならないのでは、正当性を主張しても通りません。そうしたものをもちだすのは、相手の道徳心を呼び覚ますための必死の試みだというのに、その正当性自体が、対話の最中に崩れ去ってしまうのです。とにかく、わたしたちがバカに説教するときは、相手にはわからない方言で話しかけているようなものです。もともと、言葉には、厳密なところもあいまいなところもあるため、仮に気の合う仲間同士でも、誤解はしょっちゅうです。でも、何か問題が起きたときに、言葉がちゃんと通じないと、誤解は大きく

膨らんでしまいます。

記号の解釈も誤解の原因

残念ながら、誤解は言葉によるものだけではありません。人は、言葉以外にも、さまざまなものを交わしています。声のトーン、身ぶり、態度、容姿など、五感で受けとる印象もそうです。人は、過去の経験を反映させながら、今起きていることを消化するということもしています。それを全部混ぜあわせたものを、各自が思い思いに解釈するので、もともと解釈というものは、人によって食い違ったり、まるっきり正反対だったりすることもあります。このように、人はいろいろな情報（記号）を読みとって解釈するわけですが（ちなみに、こうしたことを研究する「記号論」という学問があります）、相手への思いやりを失うと、解釈はとんでもない方向に行きます。わたしはこれを書きながら震えています。そうなると、もはや打つ手がないのです。

こう言ってよければ、人と人の対話について考えるのは、もはや病理学の領域ですね。病気の原因や発生順序を突きとめるように、なぜおかしなことになってしまうのか、引きつづき考えていきましょう。

バカと波長が合わない場合

人と人が対話をする中で、相手への理解と信頼が薄れ、相手の正当性を認めなくなる原因は、記号の誤解以外にもあります。人と人の間には、親近性と言えばよいのか、深い部分で通じあう何かが存在することがあります（スピリット、バイブス、フェロモンなど、呼び名は何でもかまいません）。それが合えばいいのですが、もちろん合わないこともあります。よく、ウマが合う合わないとか、波長が合う合わない、という言い方をしますよね。

たとえば、バカが気に入らない何かがこちらにある場合、それはずっと変わらず存在するわけですから、向こうは居心地が悪くなります。こちらが何の動作もせず、一言も話していなくても、向こうは攻撃されたように感じます。そして、たいていは、バカとこちらの両方が、お互いに同じことを感じています。

たとえば、これを読んでいるあなたとわたしの場合を考えてみます。あなたはわたしの声が嫌で、わたしはあなたの体のかき方が嫌だとしても、お互いの話を聞くことはできるでしょう。相手がバカだと、そうはいきません。潮が満ちて砂浜を覆うかのごとく、バカはこちらの価値体系を壊して、自分の価値体系もどきに全力で従わせようとします。なぜバカとは対話ができないかというと、こちらの何かが気に入らないと、バカは言葉を使って（もしそれを言葉と呼べるならですが）、こちらを挑発し、苛立たせ、侮辱してくるからです。声をひそめたり、震え声を出したり、怒鳴ったりと、いろんなふうに言葉を繰りだし、時には長々と声高にしゃべりたてて、いかにも重々しい口調であなたに人生を説きさえするのです。

もはや、認めるしかありません。道徳などの正当なものをもちだしても、その正当性が通らないなら、それは間違いなくエンパシー（共感力）が失われているのであり、同時に、もう修復できない状況になっているのです。このように対話が破綻すると、間違いは誰にでもあるといった結論には至りません（心理学で言うところのコモン・ヒューマニティー〈訳注…失敗や挫折は人間なら誰でも経験すると考えること〉に失敗するというわけです）。

バカはまだあなたに何か言っていますか？　ここまでいろいろと考えて学びを得てきたわたしたちですから、バカの話にだって、おそらく耳を傾ける価値はあるでしょう。

第六章のポイント

言葉でわかってもらおうとするのはやめよう。
相手はわかりたいと思っていない。

第七章

バカの話に耳を傾ける

（対立しているふたりの会話）

「それはおかしい！」

「だから、おかしいって、どういうこと？」

（しばらく話して、両者の態度が変わる）

「なあに、全然たいしたことじゃない！」

「おかしいいんだって！　ありえないよ！」

この章の内容

- バカと対立したときに、それを収めるための、話の聞き方について。また、話の引きだし方について。
- 自分の考えの伝え方について。

ここまでのおさらい

では、これまでの内容をさっとおさらいしてみましょう。

バカはわたしたちの生活に突然現れますが、当然、その際には何か、バカさがはじけるような行動か発言をしています。するとわたしたちは、その出来事を単独で考え、そこに意識を集中させます。そして考える際には（たいてい、少し考えすぎてしまうのですが）、わたしたちの中にある、立派な人間ならもっているものの全て（心、頭脳、合理的精神、精神力、ゾッとして鳥肌が立った皮膚など）が、これは、立派な人間なら（少なくとも、わたしたちが関わっているその状況では）してはならない行動だと教えてくれます。すると自分の中に、道徳観がはっきりとした形で立ちあがってきて、それを相手にも知らしめたくなります。したがって、わたしたちが説教をする場合、それは（言外にほのめかすようなものでも、ストレートな説教でも）、そうした道徳上の基準を認識してほしいという訴えなのです。しかしながら、よく考えると、この訴えは自分の無能さを嘆く叫びです。というのも、わたしたちは説教をする際、自分では気づいていないものの、すでに失われた条件（お互いへの信頼）をそっくりそのまま前提としているからです。説教をする目的は、今後、相手が行動にもっと気をつけて、そうした行動が招く、道徳的、政治的、経済的、生態学的な結果をもっと意識するよう、注意させることだというのは、もちろんわかります。でも、他の人たちに何かをするよう、あるいは何かをしないよう促す方法は、他にもたくさんあるのです。

説教をされても弁解は不要

こうして考察することで、みなさんに、バカに出会ったら説教をするという戦略を捨ててほしいのですが、その話はまた後ほどすることにします。今はまず、こうした考察によって、わたしたちは、説教を押しつけてくる人たちの話に穏やかに耳を傾けることができるようになる、ということを指摘したいと思います。

説教をされたときに一番よくある反応は、過失を自分のせいにされそうになって、否定することです。これはごく自然な反応ですが、一番効果がない反応でもあります。バカは人に罪悪感をもたせるのが大好きです。わたしたちは自己弁護することで、逆に失敗を犯します。その失敗は、数があまりに多いので、ここでは書かないことにしますが、みなさんは、少なくともこのことは認めてください。わたしたちは、ぼそぼそと弁解しているときには、もはや、自分と相手のどちらの価値体系を参照しているのかもわからなくなっています。どちらを参照している場合も、間違った道に進んでいるという話をしてもいいのですが、ここは早く先に進むために、「弁解はやめてください！」と、みなさんにお願いすることにします。

わたしたちは、弁解する際、バカが押しつけようとしている価値体系に同化して（もしくは同化するふりをして）いますが、実際には、「価値体系をもたないバカ」の場合、こちらが合わせる価値体系などもちあわせていないし、自分の行動や発言に一貫性があるかどうかも気にしていません。ですから、自己弁護はしないでください。それは屈辱的で、無駄で、危険でさえあります（だって、バカのせいでこちらが自己弁護を強いられるなんて、許せませんよね）。

弁解を試みるのは、言ってみれば相手に対する寛大さの表れであることはわかりますが、まずは、バカがこちらを裁く権限を否定できるようにならなければなりません。バカの裁定を平然と無視することから始めなければ、この場を切りぬけることはできません。

説教をされたら相手の不満に耳を傾ける

むしろ、注目してほしいのは、あなたに説教をしてくる人は、実は自分の無能さを嘆いているという点です。相手は、自分が人から信頼を得るに足る人間であることをあなたに認めさせようとしていますが、信頼はその場で自ら失くしているわけです（実際、あなたと相手はどちらとも、対話に失敗して信頼を失くしています）。したがって、説教は嘆きの歌なのです。

しっかりと耳を傾けるには、次のようにするのが望ましいでしょう。

①　説教に入っている指示は全部無視する。そうした指示は、あなたが有効だと認めない限り無効であり、また、何ものも決して、あなたに認めるよう強制することはできない。

②　相手がこちらにもたせようとしている罪悪感も全部無視する。相手は、そうやって自分の恥ずかしさをこちらに投影している。

③　苦情を受けいれる。そう、受けいれるのだ。

④　相手はただ、苦痛に感じているということを認めてほしいだけなので、説教は苦痛

の証として受けとめる。

要するに、説教をする人は、「わたしは苦しい」と言う代わりに、同じことを、「あんたはわたしを苦しめるべきではない」という、ねじれた言い方で表しているのです。ええと、今の言葉の、「あんたは~すべきではない」の部分は忘れてください。罠に落ちてはいけません。罠というのは、「悪いのはわたしじゃなくてそっちでしょう」と答えてしまうことですが、とにかく、「~すべき」の部分は放っておいて、相手の不満に耳を傾けてください。なぜなら、説教の目的は常に「認めてもらうこと」だったはずです。この分析を最初から読んでいる方ならおわかりですね。

その「認める」ということに関して、みなさんは、説教とは主に間違いを認めさせようとするものだと思っていたかもしれません(説教をされた側は、自分の間違いを認めるとなると、恥をかくし、その間違いを後悔することにもなりますね)。でも、誰のせいかを決めるために、お互いを非難することよりも、説教をしている側が説教をした動機と、説教をされている側が大元の行動をした動機を認めることのほうが、はるかに重要だということは明らかです。

物事を一般化するような説教は、わたしたちとバカの間にたくさんの対立を引きおこします（それは、ストレートな説教でも、ほのめかしでも同じです）。実際、一般論（帰納）に逃げた説教になると、対話がうまくいくことはありません。でも、説教は不満の声だと考えれば、自分がそうした説教をされてもまどわされにくくなります。

何を認めてほしくて説教をするのかを考える

先ほど書いたように、説教という戦略では、失われたものは何も取りもどせません。というのも、相手を説得する代わりに、いわば水没した信頼の周りに説教を渦巻かせるようなものだからです。説教をする人は、相手に自分の正当性を認めるよう求め、失われた信頼を取りもどそうとします。しかし、信頼を寄せてほしい先（つまりその人自身）をまさに隠しているので、信頼の回復にはひどく苦労します。相手が強力なバカの場合は、絶対に無理でしょう。

永遠に失われた信頼の周りで、道徳主義の環が回っています。その環を壊すには、説教とはまさに、対話が失敗した後に流れる葬送の歌なのだと認めるしかありません。

このように、説教は、間違いなく無能を物語るものですから、説教をして自分の正当性を主張しようとしても失敗します。そうした失敗による被害をもう受けないようにするには、自分が何を認めてほしくて説教をするのかを突きとめることです。

願望を物語のように叙述する

では、解決策を、話法という観点に絞って考えてみましょう。わたしたちが、いろいろなバカ（いかれている、男尊女卑である、役立たず、などのバカ）と対立したときの解決策は、命題の言葉ではなく、叙述の言葉を使うことです。

少し説明すると、命題の言葉とは、論理学において、「ソクラテスはバカだ」のような命題を立てる言葉です。命題とは、判断を言語で表したものですから、何かを判断している、ジャッジしているということになります。相手をジャッジすると解決には向かえません。一方、叙述の言葉とは、物語のように順を追って語る言葉です。願望を物語のように語って表現すれば、再構築が可能になります。この方法なら、バカとわたしたち両方の激しい感情を鎮めることができるはずです。基本は物語です。実際、叙述でしか、対立は解消できないのです。叙述であれば、複数の視点が交わるところに真実を浮かびあがらせることができますし、概念を用いた話とは違って、完全に同意していなくても、正確性に欠けていても、不確実でもよいのです。

実際、人の対話における叙述の力には、目を見張るものがあります。たとえば、あなたが説教をされても、相手の苦痛を認め、受けいれ、苦痛を吐きだすよう促すことができるようになれば、こんな経験をするでしょう。説教の主な力は、人をイライラさせる力ですが、まず、その力がなくなります。そして、説教をする人は、口調がだんだん非難がましくなくなり、自然に告解のようなことをしはじめて、楽になるのです。

ところで、もしバカが、自分の言い分が正しいと主張する場合、嘘をついているということはまずありません。バカは自分が正しいことをあなたに示そうとして、正直に話してくれるでしょう。そうやって誰かに自分のことを語るのは、単なるコミュニケーションの域を超えた、深い共同作業になります。

「打ち上げ花火」を克服する

第四章で、激しい感情を引きおこすような出来事があると、思考を妨げられるという事実を指して、「打ち上げ花火効果」と呼びました。哲学者は、自分たちの知性を爆発させれば、花火の光が届かない闇の部分を照らし、バカの行動や発言を、原因にさかのぼって説明できると信じがちです。しかし、先ほどのように対話や叙述という観点に立つと、それでは「打ち上げ花火」は解決されません。

人のバカさがわたしたちに見せる「打ち上げ花火」を克服する方法はひとつしかありません。概念化すること（すなわち判断すること）はきっぱりと諦めて、叙述の力を全面的に頼るのです。そうすれば、バカの目から見た（いわばバカバージョンの）「事実」に同意する必要がなくなります。バカの言うことを全部理解する必要さえありません。考えてみてください。音楽では、メロディーが物語の筋を与えてくれ、理解しなければならないことなど何もないでしょう。だから、理解しなくてもいいのです。

一番大切なのは、バカがいるところではどこでも、定番の（特に概念上の）コミュニケーションは諦めるしかない、と考えることです。一番効果的なのは、至急、あなたという告解室の扉を開くことです。バカは苦しんでいるのですから（なんともはや）。たとえ向こうの言っていることがわからなくても、好きなようにしゃべらせておきましょう。もちろん、それはちょっとむかつきますし、死ぬほどつまらないですし、あなたはバカに援助の手を差しのべたいとも思っていません。でも、あなたがバカの問題を解決することは、誰も（バカ本人さえ）求めていません。逆に、バカの不満を聞いて、何を望んでいるのか話すよう励ますことで、最終的に目的を果たすことができます。その目的とは、信頼を少し取りもどし、生活を楽にすることです。

導きだされた「真実」に百パーセント同意しなくてもいい

みなさんはこうおっしゃるかもしれません。バカは、わたしたちに道徳を絶対的なものではないようにさせた上に、今にも真実そのものまで放棄させようとしているように思える。バカに言いたいように言わせておくのは、別にいいとしても……。それと引き換えに得られるものはあるのか？

まさに哲学的な考察です。というのは、ここには「〇〇は真実である／真実ではない」という考え方が残っているからです。これは命題（判断）の言葉です。たとえば「シルヴェーヌはバカだ」や「ソクラテスはバカではない」という命題があったら、みなさんは、こうした命題は真か偽のどちらかであるはずだ、白黒がつくものだと思っています。確かに、「第三者の判断に基づく真実」という概念はあるので、何が真実かを他の人に判断してもらうという方法もありますが、それは道徳の領域で使うルールとしては厳格すぎます（現代論理学は道徳の領域をとっくに超えているという事実はさておき）。

つまり、簡単に言うと、こういうことです。モラルが問われるような場面では、真実は、複数の見解が交わるところから生じるので、そうやって導きだされた「真実」に百パーセント同意する必要はありません。そうした場面で真実に近づくには、まず、全員の中で一番間抜けか、一番誠実ではないバカの意見を取りあげて、こちらの意見や全体の意見に組みこむのです。そして、その意見をどの角度から見ればいいのかを、バカ本人と一緒に決めることが必要です。どの角度から見れば、その意見を共有できて、その意見の中にある、他の意見と共存できそうなものを見つけられるのか。実は、これと同じ作業が、外交の場で行われています。外交は現代の大きな課題のひとつです（わたしは他の時代には生きていないので「現代の」としましたが、全時代においてそうなのかもしれません）。

激しい感情を一掃する

　こうして相手の意見を組みこむ作業は、わたしたちが激しい感情と関わる際にも大切なことです。なぜなら、何らかの激しい感情をもっているとき、話している相手が理屈に逃げるとイライラしますが、自分で自分の感情を言葉で語れば、その感情はすぐに鎮まるからです。したがって、まずはこちらが相手の叙述を聞いて受けいれることで、こちらとバカの両方の激しい感情という課題に応えることができます（激しい感情も課題だということは第四章で見ましたね）。

　バカの話を聞いたら、次はみなさんが自分のことを語ってください。それは必要なことです。自分の激しい感情を、心から一掃してください。でも、みなさんの苦痛を真実として認めることは、バカには決して求めないでください。そうした支えはむしろ、他の場所で、教養と善意にあふれる人たちに見いだしてください。ご存じのように、バカは真実を軽んじているし、望んでいません。それに、理屈でバカに真実を認めさせたいと思っている限り、こちらはバカとそっくりなままです。忘れてしまいましたか？　道徳の大きな課題は、バカに知識を与えて賢くすることではなく、もっとささやかに、バカが実際の場面で妨げになるのを防ぐことにあるのです。

概念の世界

しかしながら、理屈に逃げることには例外があり、それを哲学と呼びます。ただし、叙述が作家だけの活動ではなく、人の対話に必要不可欠な機能であるのと同じく、哲学も主に大学での学問というわけではありません。

哲学の基本は概念化だとすれば、哲学とは次のような過程を指します。まず、わたしたちの中で何らかの激しい感情が生まれたとします。その感情を、理解したいという欲望が生まれます。すると、元の感情は、通常の言葉の限界を突きぬけた、抽象的な概念で表現されます。たとえばこの本では、抽象的な概念を言葉で表すということを何度もしていますが、そのたびに、この哲学の過程が繰りかえされています。

抽象的な概念は、直接の経験とはあまり関係ありませんが、抽象的な概念を操ることは、それ自体がまた別のタイプの経験です。バカと関わるわたしたちの意識は、いくつもの段階を経ます。バカとの出会いという出来事を経験するのが第一段階、激しい感情をもつのが第二段階、つい説教をしてしまうのが第三段階とすれば、第五章から第七章では、第三段階にある意識の状態を、概念を用いて真に探ることを試みたというわけです。

プラトンは完全な真実の世界をイデア界と呼びました。わたしたちは、概念を操ることで、人間の心の底を映す鏡に他ならない、そうした世界に出入りしているのだと思います。気の合う仲間同士で語りあい、議論を交わしていけば、心の中から、極上のウィスキーよりも蒸留度の高い、精緻な真実がしみだして、わたしたちの渇きはきっと癒されるに違いありません。

第七章のポイント

バカの話に耳を傾けて、どんどん語らせよう。
その後は自分のことも語ろう。

第八章

国の機関のバカらしさ

バカは、「政治」や「宗教」と名のつくものなら、何でも信じこんで熱狂します。人は誰しも、何かを信じることで力づけられたり、穏やかになったり、心が安定したりするものですが、バカの場合は極度に不安定になります。自分が思っていることとちょっとでもずれを感じたり、ひとつでもマイナス要因を見つけたりしようものなら、爪を全部ひきはがされたかのように大騒ぎするのです。

そんなときは、うるさい音を消しましょう。政治や宗教が掲げる理念は、もっぱら実践的です。だからわたしたちは、自分がどんな市民であるか、どんな信者であるか、行動で示せばいいのです。人は、「神」や「権力」に絡めて、信じられないほどバカなことをするものです(それが本当に神や権力と関係があるのか、考えもせずに)。こちらは静かに理念を実践し、そんな愚行を重くとらえないことです。美しい青空に浮かぶ、無垢な白い雲の流れのように、軽く流しましょう。その空の下、自分がいいと思う道を行けばいいのです。

この章の内容

●権利について考え、二種類の、国の機関のバカらしさとの戦い方を学ぶ。

ここまでのおさらい

これまでの章では、みなさんの神経を少々逆なでするような見解をいくつも述べてきました。日常生活において、人が誰かに「〜すべき」と訴える場合、実はその本質は主に不満だということ。それは、失われた信頼に対する葬送の歌だということ。お互いに、相手の話に耳を傾けることが、信頼喪失を乗りこえる最善の（そうでなければ唯一の）方法だということ。

わたしは大学で哲学を教えていますが、哲学専攻の学生たちとの経験をもとに考えてよければ、普通、このように「バカの話を聞こう」などという提案をすると、聞いている側はふたつに分かれます。一方は、新しい考えとしていったん受けとめ、自分でもあれこれと考えてから、納得して自分のものにします。もう一方（たいていはわたしが目をかけている教え子たち）は、そんな提案は全く不当で、不十分だとさえ考えます。そうやって授業は進みます。わたしの話を吸収する学生は、わたしの考えを支持してくれ、それはそれで一理あります（それに、全く支持されなければ、わたしは教えることにとても耐えられません）。異議を唱える学生は、こう考えたらどうか、と意見を出し、それはそれでまた一理あります。両方がいるから、授業を進められるのです。

説教めいた態度について検討した際、わたしは、「説教とは認めてほしいという要求」だとし、バカがしたことに対する責任については、入念に議論を避けました。また、どういう人なら道徳法をもちだして当然なのか、ということは全く考えず、相対主義的に、どちらの話も聞こう、と考えるにとどめました。理由は、人が対立して説教をする場合について、いくつか指摘したいことがあったからです。具体的には、バカに説教をしてしまう仕組み、説教には効果がないこと、バカの話の聞き方、こちらに対する説教の聞き方などについて書きました。

権利について考える

というわけで、ここでは、そうしたアプローチでは納得しなかった人たちをちゃんと評価したいと思います。なぜなら、その人たちは、「状況的にはこちらに説教をする権利がある」ということに、早々に気づいているということだからです。「こちらに説教をする権利がある」という考えに、わたしは諸手を挙げて賛成します。部下を侮辱するサディストや、無責任で幼稚なバカ女を前にしたら、みなさんは「わたしは強く怒って当然だ。だって、戦ってでも守る価値のあるものを守っているのだから」と思うでしょう（わたしもそう思います）。

この場合、もはや一般的な、立派な人間になるための努力という話ではなく、単純に、こちらがはっきりと想定している何らかの権利を、相手に尊重させるという話になります。しかしながら、「権利」は、言葉で言うのは簡単ですが、とても重要な概念です。より正確に言うと、権利は、あいまいなことだらけの領域なのです。

先にお断りしておくと、わたしたちはこれから、ちょっと重厚な要塞に攻撃をしかけます。でも、みなさんがこれまでこの本と格闘してきてくれたなら、こうした考察は、抽象的ではあるけれど——あるいは、まさに抽象的だからこそ——わたしたちの感覚を研ぎ澄まし、最善のふるまいへと導いてくれるということに気づいたはずです。

ですから、みなさんは、要塞を攻撃する鉄球になってください——研究対象は、粗野なバカや、下劣なバカなど、みなさんが対峙したときに、「わたしには~する権利がある」と思うようなバカです。

「わたしには~する権利がある」は権利の要求

「わたしには~する権利がある」というのは、実際の状態ではなく、要求です。どういうことかというと、仮にみなさんが、順番待ちの列に並んでいるときに、「わたしに並ぶ権利があるのは、わたしが二足動物なのと同じくらいわかりきったことだ」と思うとします。でも、人の日常生活はたいてい、当たり前のように権利があるなかで回っていて、何も問題のないときに、わざわざ権利のことを考える必要はありません。人はしていること（息をする、咳をする、バカである、など）のほとんどにおいて、そうする権利があり、言ってみれば、人間の生活は全て、知らないうちに「権利の空の下で回っている」というわけです。そう考えると、「権利について考える」といっても、考えるに値する興味深いケースは、実は限られていて、唯一ここで取りあげるべきなのは、「実際の状態と権利が完全には一致していないため、問題が生じている場合」だと思われます。

したがって、わたしが料理をしているとき、「わたしにはそうする権利がある」とは言いませんせん。でも、同居人が（ほんとに、こいつときたら）家で飲み会をして、その後わたしが、キッチンをきれいにするよう同居人に求める場合、わたしは「わたしにはそうする権利がある」と思います（ちなみに、わたしはお願いしているのに、向こうにとってはファシズムの再来と似たようなものらしいです）。

人はどんなときに権利を要求するか

さて、こうした、「わたしには〜する権利がある」という要求はどんなときに発生するのか、考えられるケースを次に示します。どんな問題が生じているかが、各ケースで全く異なります。

ケース1　実情により即した、今はない法律を国の機関に求める場合（つまり、新しい法律、あるいは他の法規範を作り、新しい権利を勝ちとることが必要）。問題は、今、法律がないこと。

ケース2　すでに明らかな法律があるのに、相手が違反しているので、法律があることに注意を促す場合（つまり、現行法への注意喚起を行うことが必要）。問題は、法律を守らない人がいること。

ケース3　明文化された法規範では定められておらず、今後も決して定められることのない、道徳上の義務を認識するよう相手に求める場合。問題は、今もこの先も法律で規制したり罰を与えたりできないこと。

ご存じのように、バカは、ガスが充満するかのごとく、全てのケースの隅々まで行きわたるという、比類ない才能があります。でも、バカは全員、法を守らないわけではありません。中には、訴訟好きや、日和見主義者など、逆に法を味方にする者もいて、そうしたバカは、法制度の機能も、法の抜け穴や死角も巧みに利用します。こうした、法制度を知りぬいて悪用しているバカについては、後ほどまた取りあげます。

では、ケース1から3について考えてみましょう。いずれのケースでも、みなさんは、「こちらは法や義務を守っているのに、向こうは守っていない」と思っていると思います。これからみなさんと一緒に見ていきますが、そうしたバカは社会の至るところにいて、時には、バカは自分がなぜどのようにそこにいるのかさえ理解していないけれども、しているこ とをやめたくない、という場合もあります。

国と公務員

まずはケース1ですが、みなさんが楽しく読めるよう、失礼ながら、公務員の話から始めましょう。

なぜ公務員の話をするのかというと、まず、国とは、現行法から生じた国の機関全てを指します。つまり、国とは、成文法に基づく組織形態で、法規範を定め財源を支給するというシステムによって、人々の生活様式を統制するとみなされているものです。そして、公務員は国という組織の一員であり、また代弁者でもあります。

まだ法律の領域には入りませんが、先に注目してほしいことがあります。それは、人々の生活様式は変わるものなので、構造上、国を常に改革することが必要だということです。そうすれば、全ての公的機関が、現実に即したものになります（もっとも、外観は変わらず、習俗や思想や芸術などに常に後れを取りはします）。

今、さっと述べたことだけでも、非常に多くのバカらしいことの説明がつきます。みなさん、国の機関は、「機能しなくて当たり前」なのです。なぜなら、国の機関は、理屈で言えば「固定の」形態で「流動する」現実を構成し、「一義的な」規範を定めて「多様な」現実を統制するためにあるわけです。そうすると、国の機関と法律を、現実に、より合致させるには、絶えず修正、改革、変更を行わなければなりません。たとえば、人々の実際の生活に合わせるのはもちろんのこと、人間と、人間ではないもの（動物、森林、機械、さらには精神や算術演算など）との関係にも合わせる必要があります。国や国際機関は、いわば、永遠に完成途上の仕組みであり、歴史は常に何歩も先を行っています。そのため、たとえば行政機関は、今日でも、ハンムラビ王が都市国家バビロンを統治した頃と同じくらいバカなのです。みなさんが、実情に合わせることを強く望み、それが認められても（あるいは認められなくても）、行政機関は、一万年後のターガリエン家〔訳注…アメリカのテレビシリーズ『ゲーム・オブ・スローンズ』に登場する王家〕の統治下でもバカでしょう。そう言われても何の慰めにもならないでしょうが、ここは大きく、一万年、二万年というスケールで考えてみれば、窓口での待ち時間などたいしたことではないと思えるかもしれません。

というわけで、構造的にバカなのは公務員ではなく、国の機関そのものです。なぜなら、いつだって、具体的な状況に適応していないからです。加えて、官僚がこうした現象を悪化させています。公務員は、以前は仕事にきちんと関わり、しかるべき満足感を得ていたはずなのに、与えられる仕事がどんどん不毛になって、もはややりがいを感じられる状況ではありません。そうした生き方を押しつけられた公務員は、最終的には疲れきって怠慢になり、組織の機能不全を助長します。

わたしがずっと話してきたことですが、みなさんはこの機会にもう一度思いだしてください。人がどんな気持ちになり、どんな考えをもつかは、心や頭の中で展開して終わりではありません。気持ちや考えは、外に向かって表現されると、状況や関係を変えます。そうしたことは、さまざまな角度から掘り下げて研究することができます。たとえば、社会学者ならば、バカを作る社会の条件を明らかにするという仕事があります。わたしの仕事は、概念としてのとらえ方について述べて、誰かの目の前に典型的なバカがいるとき、その人が自分の考え方として使えるようにすることです。そうすればみなさんは、「行政機関はバカだ」と文句を言うことも、「国はわたしたちをバカにしている」と言うこともできます。実際、まさにその通りなのです。国の機関は、常に実情に合わせて変化することを繰りかえしてはいるのですが、すぐにどうしようもないほどずれが生じるので、そうした国の機関を前にして、市民は、権利を行使するために常に戦わなければなりません。わたしたちは、社会を構成する自分たちにきちんと合った規範を求めるのは正当な要求だということを、国に認めさせる権利があります。法律で守られていない人々も社会の構成員ですし、そうした人たちこそ重要でもあります。それと同時に、公務員もまた国の機関の構成員ですから、彼らは彼らで、国が絶えず衰退していくのに巻きこまれないよう、戦いつづけなくてはなりません（公務員にとって手後れになる前に。わたしの知り合いの、リセ〔訳注…日本の高校に相当するフランスの教育機関〕の校長の場合は手後れでした――でも、その話は置いておきましょう）。

行政や政治に働きかける

こうして考えると、公的機関のバカらしさに対する人々の反応は、二種類に分けられます。ひとつは、行政に不服従の態度を取り、働きかけをすることです。もうひとつは、政治に不服従の態度を取り、働きかけをすることです。どちらももっともな反応ですが、タイプとしては非常に異なります。

まず、公的機関の構造的なバカらしさに対して不服従の態度を取ること、すなわち行政に働きかけることは、民主主義には必要不可欠です。集団の問題に対して、全員が、各自で、関わりをもたないことには、事実上、専制政治に舞いもどってしまいます。しかし、人々はますます無関心になり、個人はひどく内向的になっているので、率直なところ、すでに一部はそうなっていると言わざるをえません。ですから、国の機関がバカなら、わたしたちはそれに対して決して鈍感になってはいけないし、働きかける努力をしつづけなければなりません。

政治に対して不服従の態度を取る、すなわち、政治に働きかけて立法につなげるためには、感情的な意見にとどまっていてはいけません。意見を「要求」にするには、国の機関と連携することを考えなければなりません。言いかえると、意見があるなら、敵と協働することができなければなりませんし、また、そうすることを望まなければなりません――本物のバカや間抜けと、建設的な精神で協力するのです。そういう人たちが、政治や、あらゆる公的機関や民間機関で、まさに一番精力的に動いています（なぜバカが指揮を執る立場にいるのかは、後ほど明らかにします）。実は、政治を動かすとは、バカな状況に陥ることなく、いろいろな力をうまく結集させることです。バカな状況に陥るのはよくあることだと考えられます。なぜなら、全ての争いを毎回、全員の利益になるように解決するということは、論理的に矛盾するからです（こちらが誰かの利益のために働いているときは特にそうですが、これは問題のほんの一部でしかありません）。

わたしがこうした話をすることで、みなさんが国の機関に対し、より固い決意をもって、より辛抱づよく、働きかけてくれるといいと思います。国の機関は、出来の悪いバラックのようなもので、大昔からすでに人々を絶望させていました。国の機関に対して、みなさんには権利があることは、わたしが保証します。ただ、しかるべき権利を要求するのに、効果的で適切な参加形態を定義するとなると、それはまた難しい問題です。

新たな権利を獲得する努力には、たくさんの利点があるので、それを諦めることは難しいように思えます。その利点とは、それまで法の論理から除外されていて、国の庇護を受けていなかった人々と状況が、その対象となることです。法の論理から除外されていて、国の庇護を受けていない場合、一番ましな場合でも不条理な状況に陥り、最悪の場合は非人間的な状況に陥ります。残念ながら、法の領域の拡大には非常に重大な不都合もありますが、それは先に示したケース2の場合も同じなので（現行の法律、政令、判例があるケース）、その話は次の章に取っておくことにしましょう。みなさんは、ここまでがんばって読んできてくれたなら、あとはこの章のポイントを心に留めておいてください。

第八章のポイント

国の機関と協力して政治に働きかけよう。

第九章

「訴える」という脅しは法律への服従

熱意をもって仕事に取りくんだり、仕事で達成感を感じたりするには、目的意識やメリットが必要です。それもなしに、自分がいかにも熱心なところを見せたり、他の人にやる気を出すよう求めたりするのはバカなことですが、ピラミッド型の組織では非常によくあることです。

目的意識やメリットがない場合に熱意を見せても、場の雰囲気が変に興奮した感じになるだけで、仕事の意義などもはやなく、かえって、暇をもてあましている人たちが、長時間だらだらとバカなことをすることになります。

この章の内容

- **法律をもちだすことは他者を脅す手段になりうる。**
- **そうした脅しは、実は法律に服従したい気持ちの表れである。**

法哲学はバカと戦う最強の武器

わたしたちが、最強の武器を手にバカと戦うには、がんばって法哲学の概要を学ぶしかありません。法哲学とは、法に関する根本的な問題を考察する学問です。法哲学を学ぶ究極の目的は、権力という概念を理解することです。バカにわからせるためではありません（間抜けなバカは、何も「わかろうとしない」ので、何もわかりません）。わたしたちが自分の要求などの正当性をより理解すれば、バカに勝てます。

第八章では、わたしが考えた、人が「わたしには～する権利がある」と思う三つのケースを挙げました。そのうちのケース1で、国の機関が、構造上うまく機能しない場合、わたしたちは市民の当然の権利として、実際の状況がいわば法律に組みこまれるよう求めることができるという話をしました。国の機関の代表的なものは政府や行政機関ですが、国立大学なども国の機関です。

わたしたちがそうした要求をすることは当然の権利ですが、それは、わたしたちが社会を構成する一員だからです。ですから、今後、国の機関に何かを要求するときは、「みんなの代表として」ではなく、「社会を構成する一員として」行動しましょう。社会は、構造的にバカな部分に常に直面しているので、生成と解体を絶えず繰りかえし、逆にそれが社会を形作っています。わたしたちは全く何もしないでいることもできますが、国の機関は、当然、機能しないものであり、ある意味、わたしたちに課題を与えてきているので、合理的に考えると、何もしないことは擁護できません。

ケース2（バカが現行法をないがしろにしているケース）について考える

では、ケース2について考えたいと思います。ケース2は、バカが現行法をないがしろにしているケースです。バカの飼い犬は、人の家の前の歩道でも平気でフンをします（そんなときはプードルが生きた雑巾に見えます）が、バカも同じくらい平気で現行法を踏みにじります。このケースは、見たところシンプルです。法律で禁じられている行為をすれば、当然罰せられることになるからです。わたしたちが、プードルを連れた性悪女や、スリや、こちらの預金を全額奪った詐欺師を前にして、「わたしには～する権利がある」と言った、あるいは思ったなら、それは、わたしたちには、法的な効力をもつ行動のルール、すなわち法律という後ろ盾があるということです。

ただ、ルールと法律には違いがあり、法律にはまさに国家権力という基盤があります。国家権力は、少なくとも理論上は、冗談では済みません。財布を取りあげ（罰金）、身体を拘束し（刑務所）、重罪の場合、どんな罪でどんな刑を科すかを判決として言いわたし、それを公表します。罪や刑の公表は、裁判で得られるものとしては主要なものではないように見えますが、被害者の苦痛を認め（これは裁判の非常に重要な役割のひとつです）、犯人が自分の行為をありのままに認識するのを助けます（刑罰の唯一の原理はこれであり、復讐ではありません）。

法の領域を拡大するとどうなるか

しかしながら、法の領域を拡大することには重大なリスクがあります。法律が増えると、わたしたちの生活に国家が介入することをどんどん許すことになり、それはいいことではありません。国はどうしても必要なとき以外、介入すべきではないからです。それに、法律が増えると、争いを解決する他の方法を優先せずに、司法に助けを求めることに慣れてしまいがちです。司法とは、言いかえると「バカより強い巨大ロボ」です。こうして司法に助けを求めることに慣れることは、逆説的ではありますが、生活に国家の介入を許すことよりもずっと深刻なデメリットです。

社会は無数の要因（テクノロジー、環境、人や物事の交流、思想、芸術などと、「法律」）に合わせて変わり、法律も社会に合わせて変わります。社会は作用と反作用の働きで複雑に変化し、そうした変化の一環で、全ての力関係も変わります。市民が、メリットとデメリットを考えずに、自分たちの力関係を、国家権力という「上からの」脅威よりも下に位置づけることを習慣にすると、市民の間では力関係が変わっても、警察官やその他の公務員のような国家権力には、あまり変化がなくなります。人が法治国家で暮らすことは大きなチャンスですが、そうしたチャンスに恵まれた人々は、残念ながら、自然と何にでも法律をほしがるようになりがちです。すると、国がどこにでも入りこんでくるのを助長することになりますが、どこにいても国がつきまとうなら、それは全体主義国家です。

こうして、わたしたちは、自分をバカから守ろうとして、奴隷になってしまいます。司法機関なしでは済ませられないのですから、国の奴隷です。国が関与しなくても、たとえば市場やネットワークなど、人と人とのやり取りを統制する構造があり、そうした構造全体が、人々の言動の規範を示す機関に匹敵する力をもっています。それなのに、人と人とのやり取り全てに司法権力が首をつっこんでくるならば、しまいには、わたしたちは独裁者を必要としていなくても、全体主義体制を生んでしまうことになります。

このことから、法の領域を拡大するのは避けたほうがいいという結論を導きだすべきでしょうか。いいえ、なぜなら、法の領域が拡大されれば、公的機関の改善につながり、それがわたしたちの生活環境を改善することになるからです。しかし、全体主義を避けるためには、法律が増えるたびに――いわば引き換えに、かつ並行して――市民一人ひとりが、自治権を回復することが必要です。自治権の回復とは、つまり、法律を「考慮に入れずに」、あるいはもっと正確に言うと、公権力に訴えざるをえなくなる「前に」問題を解決する技量を高めるということです。実際、全体主義が生まれる原因は、法律の拡大そのものではなく、わたしたちが規範に賛成し、その流れで他の人たちにも規範を押しつけようとすることにあるのです。

争いを「国抜きで」解決するには

では、わたしと一緒に考えてみてください。公秩序を崇拝する人たちには申し訳ないですが、国はたいてい、わたしたちの争いを解決しないか、非常に大きな犠牲を払う場合のみ解決する、ということをわたしたちは認めなければなりません。理論上は、国家権力にはとても効力があり、強制力もあります（バカが犯罪者の場合には、警察や憲兵隊の手で犯罪を抑止しなければならないこともあります）。しかし、実際には、国家権力は簡単には使えません。しかも、大部分のバカはそれを知っていて、悪用しています。あなたにセクハラするゲス男はおそらく軽罪を犯していますが、あなたが法律用語を使って自分の権利を行使するには、多大な労力を要する手続きを取らなければならないでしょうし、その手続きには、普通の人には長すぎるほどの時間がかかります。国は「バカより強い巨大ロボ」ですから、使いこなすのは大変です。法律的な手続きが存在することは必要ですが、そこまでたどりつくことは決して望ましいことではありません。

無礼な言動と軽罪の間には根本的な違いがあります。たとえば、列に割りこむことと、部下の体にさわることは全く違います。それでも、「わたしには～する権利がある」人の状況は、残念ながら同じようなもので、ひどく孤独です。無力でひとりぼっちなのです。これは何よりも、社会という集団の失敗を表すものであり、動揺すべきことです。こうしたことは「積極的に防いだほうがいい」ですし、できれば細かく認識して、社会で「罰を受けたほうがいい」です。罰と言いましたが、要は、社会が政治意識をもつようにするのです。そのようにして、国の機関という層の下に、社会の意識というものを置くことを奨励し維持することが必要です。その社会の意識を、一人ひとりの個人が体現すれば、個人がいわば非公式の法的基盤として、バカとお互いに影響を与えあうことができるようになるのです。法律や裁判官や警察は、犯罪者の歯止めとして存在しつづけていいですし、また、存在しつづけなければなりませんが、そうした国の機関が法律を定め、人々に守らせることに加えて、わたしたちが自分たちの争いを、「国抜きで」解決できることも必要です。

法律に服従したくなる理由

社会の意識を個人が体現する、という話をしましたが、逆に、力関係は、何よりも一人ひとりの言葉と実践から生まれます。ごく単純な無政府主義の人々には申し訳ないですが、逆説的ながら、市民が自分たちの争いで絶えず当局の判断をあおぐ癖から市民を「守る」ことも、国の機関の役割のひとつです（その役割を十分に果たしているとは、わたしは言いません）。そうした癖は、深層では、激しい服従傾向に他なりません。ただ、確かに服従は政治的には深刻な徴候なのですが、人間の自然な傾向でもあります（そして人間に限ったことではありません）。なぜでしょう？　実はこれは、そんなに不思議なことではありません。

法律に服従したいという気持ちは、理屈の上ではおかしいのですが、わたしたちは「理由もなく」、そうした気持ちをもつわけではありません。わたしたちは服従を、無力から抜けだすための、より正確には、自分が無力だという思いに直面したときの動揺を止めるための、最後の手段とみなしています（動揺、あるいは苦悩や恥など、反応の仕方は人それぞれです）。実際、対話に失敗すると、決まってわたしたちは、自分というちっぽけな人間の限界内にとどまってしまいます。そのように自分を押し殺し、ひとりきりでいると、個人の力は絶望的に限られていることに気づきます。そんなときのわたしたちは、飲み水もヤシの木もない無人島にいるようなものです。自分はひとりぼっちで無力だと思えば思うほど、誰か、あるいは何かに、助けに来てほしくなります。そうやって強く望んだ力を外部のものの姿に見いだすと、もはや願いはひとつだけです。まさに自分には何の力もないという気持ちから解放されたくて、自分に残ったわずかなものの中から、服従を捧げたくなるのです。そして、誰もがご存じの通り、そうやって得る安堵感は非常に強いので、服従には大きな満足感が伴います。

わたしたちの目の前で法律をないがしろにする下劣なバカの話に戻りましょう。そうしたバカを前にすると、わたしたちは、どう対応したらいいか、自分でわかるという確信がもてなくなります。そんなとき、「わたしには～する権利がある」という立場を取ったら、あとは何をするでしょうか。それは非常に明白です。法律の力で、別の言い方をすれば国の介入によって、バカを脅すのです（それは正当な権利によるものであり、それについて議論はしません）。国が介入するとは、国がわたしたちに代わって発言するということです。

ここに、わたしには重要に思える点がひとつあります。わたしたちは、「わたしには～する権利がある」と言うことで、「国が力ずくで介入するぞ」と脅しているのに他なりませんが、この脅しにはひとつメリットがあるのです。それは、わたしたちと、わたしたちの前にいるバカとの力関係を、そのバカと「バカより強い巨大ロボ」である国との争いに移し、わたしたちを少なくとも「理論上は」国の庇護のもとに置くことです。

残念ながら、この脅しには重大なデメリットもあります。力関係を「ただ移すだけ」なのです。言いかえると、わたしたちが自分で相手と交渉し、それがうまくいけば、何らかの行動につながるかもしれないのに、それを放棄することで、わたしたちは事実上、法律に服従する立場に置かれます（それは正当なことであり、それについて議論はしません）。もう一度繰りかえして言いますが、本当に緊急の場合以外、この立場を取るべきではありません。それは、乗らなければ死ぬという場合以外、過去に事故を起こしたことがあるコスタ・クルーズの客船には乗るべきではないのと全く同じです。

ことの流れを要約しましょう。バカが現行法をないがしろにすると、わたしたちは被害者になったことでひどく動揺し、国の力でバカを脅します。すると、そうやって服従することで、わたしたち自身が、社会の当事者としては弱くなり、結局はバカの被害者になる可能性が増えます。こうして、服従の環ができあがります。わたしたちが泣きながら国を呼んでいる間、下劣なバカと、性悪女と、あらゆる大きさの飼い犬が、わたしたちの腹の上で鬼のような乱痴気騒ぎをするかもしれませんが、国は最終的にはわたしたちを助けに来るかもしれないし、来ないかもしれません。

以上のことから、奴隷にならないようにするためには、自分自身の力をなくしてはならないだろう、という結論を出すべきでしょうか。これについてはあらためてしっかり考えていきますので、今はこの章のポイントだけでも覚えておいてください。

第九章のポイント

必要なら法の庇護を求めよう。
法にむやみに服従することは避けよう。

第十章

道徳をもちだすと対話は終わる

バカな連中は、ある日突然、けもののような叫び声を上げながら現れて、あれよあれよという間に、こちらが一番来てほしくないところまで侵入してきます。

たとえば、観光地の高台などに、柵や手すりがあって、景色を眺められるようになっている場所がありますが、そういう場所であなたが、手すりに体をもたせかけて景色を眺めているとします。そこへどこかの家族が現れました。まず父親が手すりのところに来て、あなたのことを見もせずに、あなたをひじで押しのけ、カメラの巨大な望遠レンズを調節しはじめます。「世紀の一枚」でも撮るつもりでしょうか。

一方、そいつの子どもたちは、コーンのアイスを手に、その辺の舗装されているところを走りだします。アイスだけ見れば軌道を描く惑星のようですが、あっという間に、ストロベリー味の惑星が軌道を外れ、地面にベシャッと落ちます。飛び散るしぶきはさながら衛星で、衛星を従えた惑星が、ゆっくりと崩れていきます。子どもが「うわーっ」と叫んで、母親もその子に向かって大声を出します。あまりにもうるさくて、向きあった親子の口の間に、渋滞のようにひしめきあっている車両や人が見えるような気がしてきます。

あなたは唖然としていますが、また人が手すりのところに押しよせてきて、ハッと我に返ります。今度は中高生くらいの無遠慮な少年たちです。しなやかな腕があなたの体にかすったかと思うと、誰かの大きなおならの音が鳴りひびきます。少年たちは吹きだして、走って離れていき、腹を抱えて笑っている始末です。

これと全く同じ光景が、地球上の至るところで見られます。古代遺跡の宮殿、寺院の前、公園、教会の階段、庭園、モスクの入口、ときには美術館や博物館でも。あなたの靴の裏は、バカな連中が吐き捨てたガムだらけです。これは、あなたが逃げ場所を見つけるまで続きます。どこでもいいから、この世界の外に逃げ場所を見つけましょう。それは、本の中でもいいのです。

この章の内容

- **道徳的権威とはどういうものか。**
- **バカを前にして道徳的権威を使うと、失うものしかないのはなぜか。**

ここまでのおさらい

第九章では、人がバカと話していて法律をもちだす場合、そこには婉曲ながらも一種の脅しが多少含まれているということと、そうすることで、わりと具体的な一種の権力に自分をゆだねているのだという話をしました。そういう意味では、わたしたちが、自分の生活を台無しにする人たちを国家権力で脅すことができれば（法律は、少なくとも理論上は国家権力です）、バカがもたらす被害を抑えられる（具体的には、犯罪を防ぎ、罰することができる）だけではなく、自分が安心することもできます。なぜ安心できるかというと、犯罪者ほど悪質なバカではなくても、同じくらい危険なバカがいろいろいて、そんなバカを前にした無力感も、法律をもちだして脅せば和らぐからです。

しかし、残念ながら、法治国家には代償があります。庇護が増える「傾向がある」国では（国は必ず機能するわけではないので、「傾向がある」だけです）、自立度が下がる「傾向がある」のです。人は守られれば守られるほど、自分で自分を守る反射神経を失います。こうした作用は幼児化と似ています。大人としての人格は失わないほうがいいのですが、もっと守るべきものがあります。それは人との対話です。みなさんは、法律という武器を手にしたら、おそらく自分の身を守ろうとするでしょう（ただし、守れる保証はありません）。でも、法律を盾にすると、人と良質な対話をすることはできなくなります。人との良質な対話こそが、真に守るべきものなのです。

ケース3（バカにモラルを求める場合）について考える

第八章で、人が「わたしは～する権利がある」と言うケースを三つ挙げましたが、わかりやすいようにここにあらためて載せておきます。

ケース1　実情により即した、今はない法律を国の機関に求める場合（つまり、新しい法律、あるいは他の法規範を作り、新しい権利を勝ちとることが必要）。問題は、今、法律がないこと。

ケース2　すでに明らかな法律があるのに、相手が違反しているので、法律があることに注意を促す場合（つまり、現行法への注意喚起を行うことが必要）。問題は、法律を守らない人がいること。

ケース3　明文化された法規範では定められておらず、今後も決して定められることのない、道徳上の義務を認識するよう相手に求める場合。問題は、今もこの先も法律で規制したり罰を与えたりできないこと。

このケース3について見ていくと、わたしたちが、なんとか対話を続けようとして、逆に対話を終わらせるようなことをしてしまう仕組みがよくわかります。

では、ケース3の、成文法で禁じられていない行為について、わたしたちが道徳的な判断を述べる場合について検討してみましょう。

たとえば、わたしたちがバカに何かおびやかされていること（嘘をつく、約束を破る、不和の種をまくなど）があるとして、その事実の土台になっているのはその人がバカであることだと考えてください。さて、この状況を仮にケース1とケース2にあてはめて考えてみましょう（ただし、実際はケース3です）。

ケース1なら、わたしたちはバカにおびやかされているという事実を味方にして、全てのバカを禁止する新しい法律を求めることになります。ケース2なら、わたしたちは法律を味方にして、バカを禁止している現行法の適用を求めることになります。でも、ケース

3の場合、事実も法律もこちらの味方にはならないし、こちらも、法律を作ることや法律を適用することを求めているわけではありません。では、わたしたちには、いったいどういう権利があるのでしょうか。バカであることを禁止する道徳はどこから出てくるのでしょうか。

道徳的権威とは、法律の枠組みを超えた法律の延長

おそらくみなさんはこう確信していることでしょう。どこかに、「道徳法」という、不可侵の原理があって、それはこの文脈では他ならぬ「不文法」のことだ、と。いいでしょう。わたしは、みなさんと同じく、いくつかの原理は、本能的に体に刻みこまれていると感じていますが、それでも、まずは「道徳は法律と同じ形で物事を規定したり禁じたりしている」と仮定することから始めましょう。ただし、実際の法律は明文化されていて執行機関が存在しますが、そうしたことは考慮に入れないものとします。そのように考えると、道徳とはまさしく、法律の枠組みを超えた、法律の延長です。「法律の枠組みを超えた」とは、つまり、成文法も、与えることのできる罰もない、という意味です。したがって、

道徳的権威は、法律を一般化したものとみなしてよいでしょう。そして、これもまた、服従という、獲得した習慣と関連があります。ちなみに、国家統制された社会は、説教めいた話が非常に多い社会でもあります。まあ、そういったことはゆっくり考えていきましょう。

道徳的権威は「存在しない」権威

先ほどの考察をここでいったんふりかえると、要するに、道徳的権威には法律のような文字や力はないのに、わたしたちが日常生活で「道徳的に〜する権利がある」と言ったり考えたりするなら、それは、自分のもっていない力でバカを脅しているのに他ならない、ということです。力で戦う手段がないのに、力の争いをしようとしているわけです。これは疑う余地なく、バカなことです。国がないのに国に従っているのと全く同じふるまいです。

ではここで、服従とはどのようにして生まれるものだったか思いだしてください。たとえば対話に失敗した人は（単なる「個人」という概念よりこちらのほうがわかりやすいと思われます)、無力感を覚えれば覚えるほど、何かに助けに来てほしいと思います。その人の訴えに国が応じられない場合(そもそも、どこの国でも、バカが国の指揮を執る立場にいることを考えると、バカを禁止することは決してないでしょう)、要するにその人は、虚空に、言いかえれば「道徳的」権威に服従を捧げるわけですが、この場合の道徳的権威は「存在しない」権威ということになります。その人は、この、実際には存在しない力を存在するものとしてとらえ、自分の立場では力を行使できない無力感を、権利としての要求に投影します。この仕組みをもう少し説明すると、次のようになります。

① 実際には、要求しても手に入れられないものを、自分のものになるであろう「道徳的権利」のように思っている。つまり、たとえ自分が「持っていなくても」、「自分のものである」何かのように思っている。

② また、他者に期待しているが強制はできないものを、彼らに課せられるであろう「道徳的義務」のように思っている。すなわち、たとえ彼らがそれを「しない」としても、そうすることを「強制されている」ように思っている。

おわかりのように、これは一種のたくましい妄想です。この妄想の中では、現実が、実際とは逆のイメージに投影されています。これと似ているのが、乗っていた船が難破して飲み水もヤシの木もない無人島にたどりついた人に非常によくあると思われる、ほとばしる水と日陰を夢想する、という状況です。

道徳は、「理論上は理想の」環境設定でなければ機能しない

こうなってくると、「道徳」という言葉は、また別の意味をもつようになります。つまり、「理論上は理想の」環境設定（わたしたちには道徳的権利があり、バカには道徳的義務があるという設定）でなければ機能しないもの、という意味です。でも、その設定の基盤は、対話に失敗した人の、役に立たない願望だけです。その人は、うまくできなかったことをぐるぐる考えて、何度も無力感にさいなまれながら、そういう願望を抱いている状態です。たとえばわたしたちが、人間は、「バカではいけない」と主張するとします。その上、大それたことに、相手がたとえバカでも、人を「嫌ってはいけない」と考えるとします。ところが、このふたつの義務は、わたしたちの実際の感覚とは、完全に矛盾しています。実際にはバカがいるし、そのバカを嫌うこともあるはずです。バカをバカではないようにすることもできなければ、そのバカを嫌わずにいることもできないのに、そうした

義務を掲げてしまうわけです。

しかしながら、これらの義務は、わたしたちにとっては矛盾していません。なぜなら、この義務は、現実を自分の願望に近づけるために、果たされるべきものだからです。

わたしたちが道徳的権威に頼るのは、自分の願望と現実の差異の表れだと言えます。自分の願望と現実の間の欠落している部分を、自分の力では埋められないので、道徳的権威をもちだして埋めようとするからです。道徳的権威は、わたしたちにとって真の「絶対」です。哲学で言う「絶対」とは、一切の条件を超越してそれ自体で存在する完全な独立的実在のことです。要は、わたしたちは、道徳的権威を無条件に正しいものだと考えている、ということです。同様に、バカとの対話に失敗したら道徳的権威に頼ることも、がんばってバカを自分の思うように変えようとすることも、わたしたちは無条件に正しいことだと考えています。

バカとは、言いかえればこの世の全ての道徳がこんこんと湧いてくる源泉です。バカのせいで、わたしたちは海で難破した人のような状況に置かれるわけですが、そうした状況では、どんな表現形態が最適なのでしょうか。これまで分析してきたことからすると、苦悩の叫びでも、悪魔払いの踊りでも、何でもいいのかもしれません。そういったもののおかげで、失われた信頼に対する哀悼の思い、言いかえれば対話に失敗したという悲しい思いを乗りこえられるなら、それが最適だということではないでしょうか（以前の章でも、日常生活において、人が誰かに何かをすべきだ、あるいはすべきではない、と訴えるのは、失われた信頼に対する葬送の歌である、といった話をしましたね）。実際、そうなのです。というのも、すでに示したように、対話に失敗すると、どんなルールがあっても相手が守ってくれなくなる恐れがあります。その結果、あなたが、悲嘆や無力感を覚える状況に置かれていると感じるならば、重要な問題に直面した自分の感情に身をゆだね、そうした感情を全く自由に、どんなふうにでも表現していいのです。つまり、感情を出しきっていいのです。

道徳の役割

ここで道徳は汚名返上です。というのも、結局のところ、善悪の区分の主な役割は、わたしたちの訴えが正しいことを証明し、わたしたちは嘆いていいのだと許可することだからです。さらに、わたしたちが絶望したときの努力を強化する役割もあります。そうなのです。たとえば、あなたの恋人が浮気し、あなたに嘘をつき、あなたをふりまわし、手玉に取り、卑怯なことをして関係をぐちゃぐちゃの泥沼にする。あるいは、あなたの夫があなたを乱暴に扱ったり叩いたりする。そんなとき、あなたが「これは悪いことであり、わたしは絶対に我慢しない」と言うならば、その言葉は、解放の合図のように響きます。相手と別れ、行動し、「理論上は理想の」自分自身のイメージにしがみつくのを助けてくれる、それが道徳の大きな価値であり、また、建設的な役割でもあります。これはすごいことです。というのも、この別れはあなたの感情を解放してくれるから、言いかえれば、しなくてもいい服従からあなたを解放してくれるからです。そうなると、たいていの場合、いわば感情の巨大な雲が立ち昇ります。その雲には苦痛と安堵が入りまじっています。道徳に従って相手に何かを訴えるとき、人は自分の中で裁判をしているようなものですが、訴え、裁判を開き、判決を下すことには、利点があります。その利点とは、この感情の雲の動きを速めて、時にはまだ燃えるように熱い灰に、時には悲痛な嘆きの雨に変えてくれることです。そういう意味では、道徳は直接的に感情を表すことのできる装置であり、はっきりとした、反論の余地のない言い方で道徳を語れば、そこにわたしたちが強く感じている思いを込め、しみこませ、表現できる、ということがわかります。

道徳の欠点は、全ての対話を壊すこと

しかしながら、道徳法には破壊力もあり、しかもそれを余すところなく発揮します——ちょっとやりすぎなほどです。要するに、人に道徳を説くと対話が終わってしまうのです。ただし、対話することで事態がかえって悪化するような場合には、非常に有用です。先ほど出てきた、浮気した恋人や暴力をふるう夫が、ろくでもない発言をする場合などがそうですね。しかし、欠点は、「全ての」対話を壊すことです——これは、とにかく誰かと、道徳的な答えが出てくるような問題について話しあえば、誰でも体験できます（たとえ相手が友人でもそうなります）。

「おまえ、元カノのこと、どう思ってる？　あの子、本当に浮気したの？　バカ女扱いしてるけど、そんなことを言っていいのは何月何日から？　何をしたから？　誰にそんな権利があるの？」

こんな質問がされようものなら、すぐに語気が強くなり、話しあいが緊迫し、決裂することさえあります（ちなみに、決裂するタイミングは、注意していれば十分予測できます）。なぜでしょうか。それは、道徳法を使った話し方や考え方は、対象となる個人の無

能さをあげつらうことで成り立つものだからです。ついでに言うと、人が悪口に夢中になるのはこのためです。悪口とは、いわば他の人の無能さを見世物にするもので、そういうことをすると、わたしたちはかなり安心します。なぜなら、失敗するのは自分だけではないことがわかるからです。とにかく、一番大事なことは、道徳法の基盤は、人の無能さや失敗にあるということです。道徳法は、たとえばあなた自身が対話に失敗している（いわば乗っている船が難破した）状況によって権威をもち、そうした状況が、あなたに「絶対」を述べる（生き延びる）ことを真に許すのです。しかし、おわかりのように、この「絶対」はあなたにしか有効ではありません。というのも、失敗して困っているのはあなただけだからです。それもあって、道徳について話しあうと、何かをめぐってみんながもめるのです。その何かについては、話しあう前に合意しておかなければなりません。先に合意していないから、その場になって、各自がみんなに、一種の暗黙の了解のような、事前の合意のようなものを求め、話しあいが混乱するのです。ひょっとしたら、必要なのは、誰かが恐怖で叫ぶことかもしれません。そうすればわたしたちは、闇夜の霧に包まれたオオカミの群れが、不安で遠吠えしながら身を寄せあうように、ひとつになれるかもしれません。

こうして、無力感を覚えて相手に道徳法を守ることを要求すると、物事の順番をひっくり返すことになります。どういうことかというと、わたしたちは、「自分たちの間で」交渉することでしか、お互いに関わる際の条件（すなわち道徳的規範）を一緒に作ることはできません。つまり、条件は話しあって作るものなので、話しあうときの前提条件にはできないのです。したがって、道徳的規範がすでにあるものとして話しあいをすることはできません。というわけで、こういった話しあいをするなら、道徳という武器はすぐに捨てる必要があります。道徳的な信念を、直接的に支えているのは無力感です。わたしたちは、それぞれが自分の無力感に直面し、心の中で自分の感情を抑えようとしますが、それが最終的にはお互いを激しく非難することにつながります。目的は立派ですが、やり方がまずいのです。やり方がまずい、というのは、言葉は、もともと何かを条件づけるものであり、言葉自体は無条件のものだからです（ちなみに哲学用語では、この場合の「言葉」は「パロール」〔訳注…「話し言葉」を意味するフランス語〕といいます）。

新たな対話で一緒に規範を作る

とにかく、個人は漠然とした無力感をもっているということをまずは知っておいたほうがいいでしょう。そして、対話しながら、オープンな規範をまさにその場で一緒に作れば、無力感も不安も一度に乗りこえられるということを認め、その上で、あらためてしっかりと対話を始めましょう。そうやって始めた新たな対話では、道徳的権威に頼ることはできません。なぜなら、道徳的権威の唯一の根拠は、一人ひとりの個人だからです。わたしたちは、生き延びるために努力しているのですが、同時に、自分ひとりではそれを叶える力がないことを自覚してもいます。道徳的権威は、その努力と無力感が合わさることで成りたちます。わたしたちがもっている不安は、自分自身の道徳を見事に覆いつくしていて、不安から他の個人やグループや国の機関と対話を始めても、その対話はすぐにおかしくなります。なぜなら、不安には、無制限かつ中身のない脅しが潜在的に含まれていて、対話には前提条件があると主張するからです。それはたとえば、こんな言い方です。

「話しあおう、そうしないと……!」

そうしないと……どうなるのでしょう? それについては、第十一章でお話しします。

ここでは、対話に道徳をもちだすのは、道徳は無条件に正しいものだとして相手に無理やり認めさせようとしているのに等しいという結論を出して、みなさんもわたしもひどく疲れる、この概念の乱気流から抜けだしたいと思います。道徳自体には、納得しない人にも受けいれてもらえるような力はありません。ごり押ししてもお互いにイライラするだけです。だから、道徳を利用すると、対話は確実にぶち壊しになるのです。

こんなことを言うと、わたしは反道徳主義になるのでしょうか。いいえ、そんなことはありません。実はわたしたちには、愛する人たちと話しあうときに、従っている基準があります。それを、ここでわたしが、はっきりと言葉にしてみましょう。わたしたちは、無駄に怒ることを避けています。つまり、対話の中身よりも、対話によって得られる恩恵を大事にしているのです。結局のところ、わたしたちは自分の道徳的信条を捨てる必要はありません。わたしが思うに、道徳が規範になるのは当然なのですから（道徳的規範にもいろいろありますが、特に、自明の理と化しているもの、たとえば愛や誠実さや親切心が含まれます）。その代わり、自分の個人的な道徳的規範を、それとはっきりと矛盾する状況で、無理に広げて当てはめようとしないでください。人に無理やり押しつけようとしても、自分で自分の規範に背くことになるだけです。自分の規範を人に押しつけることは、その規範にある、他者と共有可能なものを壊す最も確実な方法なのだと、考えてください。

第十章のポイント

自分の規範を押しつけない。
他の人たちの規範とすりあわせよう。

第十一章

なぜバカは破壊を好むのか

（レストランでのお客と店員の会話）

「つけあわせはフライドポテトにしてもらえる？」

「あっ、いえ、こちらはサラダとサヤインゲンになります」

「でも、フライドポテトがついてくるメニューもあるんだから、変更してもらえない？」

「それはできかねます」

「どうしてダメなの？　何か問題ある？」

「はい、こちらはサヤインゲンですので」

「でも……。変更すると調理場が大変なの？」

「そんなことはありません」

「じゃあ……追加料金を払うから」

「追加料金はありません」

「だったら、どうして変更してもらえないの？」

この場合、バカはどちらでしょうか。そしてこの交渉は、うまくいくでしょうか。

この章の内容

- 力でぶつかりあうことと、戦争について考える。
- そこから、家族の食事を平和に切りぬける方法を導きだす。

第十章をふりかえる

わたしは今朝、目が覚めたときに、第十章の最後の文章には、まじめな反論が来るかもしれない、と思いました。わたしはこう書いています。「自分の規範を人に押しつけることは、その規範にある、他者と共有可能なものを壊す最も確実な方法なのだ」。この文章は、ふとひらめいたものではありません。これは、わたしが世界のあちこちで行なった、十五年近くに及ぶ研究と教育活動と経験の成果です。みなさんはこうおっしゃるでしょう。

「このために、そんなに時間と労力をかけたんですね！」

わたしが、先ほどの文章をタトゥーにして体に刻みたくなって、どこなら入れられそうかな、などと考えていたら、疑念が湧いてきました。

《規範に従いがちなタイプの場合、「バカがいる」と思うのには、正当な理由があるということになる。自分が規範を守っているのに、守らない人たちがいるわけだから。

そして、道徳的な理想では、バカを「殺すわけにはいかない」。だとすると、「自分が規範に従いがちであることを受けいれるのと同時に、バカが何かを押しつけてきたらねじふせよ」と、わたしがみなさんに言うなら、それは、バカをこっそり操れと、喧伝していることにならないだろうか。言いかえると、わたしはみなさんに、バカには立ち向かわずに、操ることだけを勧めていて、今度はそのせいで、バカがみなさんを困らせるおそれが出てくるのではないだろうか——せめてそれがひどくなければいいのだが。》

いいでしょう。わたしの答えはこうです。わたしが、規範は共有可能だとしたのは、みなさんがバカを相手に交渉するのを励ましたかったからです。お互いが同じ力をもち、それを相手に対して使うのが交渉です。つまり、対話によって道徳観を作るということですから、これを隠れた支配の形とみなす理由は見当たりません。対話が終わる頃には、道徳的規範は、その先も無限に変化していけるくらい柔軟なものに変わっていることが想像できます。もしあなたが「そうなったらもう規範ではない」とおっしゃるなら、それはわたしの言うことを理解していただけたということです。たとえば、あなたが「わたしの価値体系を全員が共有『すべきだ』」という信念をもっているとして、こうした信念は主観の塊ですから、マイナスに働く傾向がありますが、自分の信念を曲げずに、そうした傾向を弱めることができます。言いかえると、交渉してお互いが共有できる道徳観を作れば、自分に忠実なまま、他者にとってのバカではなくなることができるのです。他者があなたにとってバカであるというだけで、すでにつらいことですから、つらいことはひとつでも減らしましょう。

交渉しなければ戦争になる

ではここで、逆の仮説（交渉しなければどうなるか）を検討してみてください。わたしたちはこの本で、説教、法律の原理、そして道徳的権威、と検討を重ねてきましたが、それによってわかったことがあります。交渉の他には、力でぶつかりあうしかないこと、そしてこの力は比喩ではなく、実際の力、暴力だということです。暴力は常に手の届くところにあるということをしっかり頭に入れておいてください。そうしてもらえると、わたしは、バカを定義する新たな要素を提案することができます。それは、「バカは戦争に賛成する」というものです。バカはそういう主義ですし、バカとはそういうものなのです。

もちろん、あなたが「わたしは平和に賛成です」と言えば、普通は誰でも同意するでしょう。でも、実は、わたしたちの日常の態度の多くは、無自覚のうちに、争いと破壊に向かっています。実際、対話に前提条件(相手はそのままではいけないという前提条件)をつける場合は必ず、いわば無意識に自分の中のバカな部分が働いています。相手を「まず」破壊して、「次に」話す権利を与える、と考えるのは、バカな態度ですが、わたしたちが自分で思っているよりもよくあることです。

フランス語に「一度は慣例にならない(*Une fois n'est pas coutume.*)」という言い回しがありますが、その例として、ある偉人が何度も繰りかえし述べて、慣例にした言葉の話をしましょう。その偉人とは、マルクス・ポルキウス・カト・ケンソリウス(大カト)ですが、わたしは、バカに関する研究を始めてから、この大カトのことがずっと頭から離れません。

なぜなら、この人もまさに、常に敵のことを考えていたからです。大カトは、古代ローマ史の英雄で、偉大な元老院議員でした。ローマとカルタゴが戦った第二次ポエニ戦争の後、大カトは、元老院の議題が何であっても、演説をいつもこの言葉で締めくくったとされています。

「ともあれ、カルタゴは滅ぶべきであると考える（*Ceterum censeo Carthaginem esse delendam.*）」

大カトが、敵を滅ぼさなければならないという強迫観念にとりつかれていたことから――そして二千年後のわたしたちが、まだ彼のことと、彼の、要するに極悪非道の言葉を覚えていることから――わたしはこんなことを思いました。あらゆる議論は、戦争の論理を覆う硬い層のようなものであり、その層の下で、戦争の論理は、常に赤くたぎりながらも表面には出てこない、マグマでありつづけているのだと。わたしたちには、選択肢がふたつだけあります。お互いに、相手に対して満足することを受けいれるか。結局、お互いに滅ぼしあったほうがいいのだろう、とほのめかすか。そのどちらかです。大カトは、このことをわかっていました。残念ながら、バカにはそれがわからないようで、バカはほぼいつでも戦争を好みますが、その無邪気さには毎回驚かされます。バカは、言葉の背後には現実の争いが控えていることを忘れているのです。ちなみに紀元前一四六年、大カトはすでに亡くなっていましたが、カルタゴは本当に滅ぼされました。

何でもいいのですが、たとえば、イスラム教、ユダヤ・キリスト教文明、BOBO〔訳注…ボボ。ブルジョワ・ボヘミアンの略〕、ファシスト、大学の先生について、あなたが何か否定的な意見をもっているとします。それを聞いた、義理の姉妹やタクシーの運転手が、あなたの考えを支持するのは、ありふれたバカなことです。そのことと、多少遠い場所で起こる悲劇的な爆撃との間にある関係は、確かにとてもゆるく、とても遠いのですが、両者は実際につながっています。その関係を、わたしたちは最終的に受けいれなければなりません。当然、因果関係はないし、ましてや道義的責任はないのですが、単純にこれが戦争の論理なのです。バカは戦争を望みますが、戦争とは何かということを全くわかっていないし、実際に戦争をしたいとも全く思っていません。でも、相手の「発言を封じる」こと（それは実は相手の「存在を消す」こと）は、戦争の原則であり、バカにとっては破壊する力を行使する喜びをもたらします。ただ、「わたしには〜する権利がある」という態度を取っているバカの場合、その喜びをはっきりと表には出しません。たいていは、ぼんやりとほのめかして、形だけ喜ぶ程度にとどめます。

バカが破壊を好むわけ

そんなわけで、おかしなことに、バカは戦争が好きで、そのことを楽しんでいます。そして、少なくとも心の中では、破壊する喜びを味わっていますが、この喜びは、人々を実際に危険な目に遭わせます。破壊するものがある、というのは、非常に特殊な喜びです。みなさんは、なぜそんなことで喜ぶのだろうか、と考えているかもしれません。その疑問にお答えすると、まず、バカとは、自分の力に驚く巨人のようなものです。彼らは、自分の力が信じられないという気持ちを抱えたまま、その力を使います。つまり、自分の力が疑わしいままだからこそ、バカは誰に対しても、どんな犠牲を払ってでも、能力を試す必要があるのです（小さな赤ちゃんと全く同じです）。バカが力を疑っていると、バカより上の立場にいる別のバカが、自信をもてと励ましますが、バカは自分を疑うことを決してやめません。主に支配することで落ち着くバカもいれば、服従することで落ち着くバカもいますが、実はバカのバカさは変幻自在で、一日のうちにころころ変わり、支配と服従と破壊の間を行ったり来たりします。

それだけではありません。バカが破壊に惹かれるとき（しかもたとえばあなたを脅してくるとき）、バカにとってはこの力が自分のものかどうかはどうでもいいのです。その力が自分を守ってくれるかどうかさえどうでもいいこともしょっちゅうです。バカにとっては何が重要なのでしょうか。バカは、何も考えずに、ひたすら楽なほうを選びます。ただし、それは彼らがどうこうというよりも、全人類の自然な傾向です。作りあげるより壊すほうが簡単で楽です。争いを鎮めるより攻撃するほうが簡単で楽です。理解するよりも放りだすほうが簡単で楽です。だからバカは、暴力的な衝動に従います。バカにとって暴力は、何ものにも勝り、自分なりの考えを練りあげることや、社会構造や、政治的融和や、環境学を上回ります。言いかえると、バカは自然法をきちんと守っているのです。エントロピー増大の法則も、秩序が無秩序に戻るのも、秩序立てて作られた形式が破壊されるのも、自然法です。それは、必ずしもバカが怠惰だからではなく（怠惰という表現は間違ってはいませんが）、より深い理由を述べるなら、バカは、湧いてきた破壊的な力を使うことによって、計画的に行動することや、自分の考えを形成することに、失敗するのです。つまり、この力は、多数の死者を出す波のように、押しよせて人間関係を壊して去っていくのです。

バカは戦争が好きですが、死にたいからではありません。バカは暴力を招き、体現するので、バカであることがすなわち暴力のようなものです。バカの暴力は、個人から個人への権力行使としての暴力だけではありません。大勢のバカの暴力が集まって、とてつもない規模の暴力になるのです。人類とは、ひとつの力のようなものであり、それがずっとリレーのようにひきつがれていきます。その力で人類は組織を作ってまとまったり、解散したりを繰りかえします。個々の人間がもつ力は崇高で、生命、喜び、平和などのエネルギーが見事に組みあわさることもあれば、爆弾のように恐ろしい閃光を放ち、人類の展望を打ち砕くこともあります。人類や地球が、タンポポの綿毛のようにあっさりと吹き飛ぶこともありえます。戦争、殺戮、経済破綻といった、真の破壊を引きおこすのは、とてつもない規模の暴力です。暴力はバカのものだから、バカだけが、暴力のせいで苦しみ、嘆けばいい。破壊が終わったらこちらとにっこり握手でもしてくれればいい。みなさんはそんなふうに思うかもしれません。でも、そうはいきません。バカはそうした力のために壊れ、苦しみ、あらゆるものや人を憎むのです。

バカは説得しないで、話を聞こう

破壊は、対話より手っ取り早い直接的な手段です。譲歩して犠牲を払うこともなく、簡単です。要するに、破壊はバカにぴったりの手段です。逆に、バカだから破壊するとも言えます。ということは、バカではないわたしたちが、バカなことを破壊してなくすことはできません。これまでの哲学では、バカなことはなくせるという考え方がほとんどですが、そうではないということになります。

バカのなかでも重量級のバカは、哲学者にとってはインドの聖牛のようなもので、不可侵です。哲学者は、いかなる場合にもバカに理解させることは不可能だと知っているため、そんなことは試みないと、固く心に決めています。こうした哲学者の姿勢は、エリート的な蔑視と混同されることがあまりにも多く、「結局、気取っていて軽蔑的ではないか」という批判があるかもしれません。でも、そうした批判を信用してはいけません。というのも、哲学者がバカを前にして、沈黙せずにべらべらと理屈を説こうとするなら、一見相手を尊重しているようで実は不寛容であり、不寛容は戦争につながります。バカな連中が戦争についてあれこれ考えていても放っておきましょう。時として、それが、牛たちが仲良く草を食む最後の手段になります。

そんなわけで、できるだけ優しさと知性にあふれた人間でいたいなら、細心の注意を払ってバカにしゃべらせておきましょう――より正確に言うと、自分の家族や愛する人たちにも、完全に自由に、バカなことを言わせておきましょう。なぜなら、その人たちを本気で、つまり「冗談ではなく」説得しようとすると、あなたがたちまち闇堕ちしてしまうからです。そうなれば、あなたのほうが真理を知っているとか、正しいとか、そういったこととは関係なく、もはやあなたも、自分の苦悩を他者にぶつけるバカのひとりでしかなくなります。特に、家族の夕食では、家族を結びつける（あるいは必死に結びつけようとしている）絆以外は何も重要ではないので、イライラする代わりに、家族という奇跡の牛たちの話をありがたく聞いてください。彼らの話に何度でも耳を傾け、不満を和らげてあげましょう。そうすると、彼らの中にはシヴァ神がいるのがわかるでしょう。シヴァ神は、腕が無数にあるように見えるほど、腕を自在にくねらせて踊り、微笑みながら世界を破壊する神です。バカは戦争の聖なる伝道者です。戦争はあってはならないことですが、それだけではありません。バカは、破壊するという、喜ばしくもないことに喜びを覚え、そうした喜びを心のなかで爆発させてうっとりするわけですが、超新星爆発でブラックホールができるのと同じで、それが戦争につながります。それこそが、戦争の恐ろしいところです。

第十一章のポイント

バカが好戦的でも、
話を聞いて平和に解決しよう。

第十二章

なぜバカが人の上に立つのか

アザラシのコロニーは、岩場でひなたぼっこをすることがあります。生息地などで、運よくそんな光景に出会ってじっくりと観察することができたなら、きっと誰でも気がつくことがあります。それは、「知的なところとバカなところがあるのは人間だけではない」ということです。岩場はとても広く、スペースはたっぷりあります。でも、困ったアザラシもたっぷりいるのです。そういうアザラシは、空いているところには行かずに、すでに他のアザラシがいる場所を取りたがっては、余計な争いを始め、騒ぎやケガを誘発します。さらに、いろんなことをして他のアザラシの暮らしを不快にします。水に飛びこめば、派手にしぶきをあげて辺りをびしょびしょにし、他のアザラシを濡らします。自分より強いアザラシも、弱いアザラシも、とにかく追いだそうとします。これは、共同体全体にとって深刻な事態です。要するに、誰かと誰かが関わりあう場には、必ずバカがいるのです。

この章の内容

- **バカは、正しい社会的地位についている。たとえバカの地位がわたしたちより上であっても、いや、上だからこそ、それが正しいのだ。とはいえ、わたしした**

ちがバカと地位を争うことは可能である。

上にバカがいると苦痛

人の話に耳を傾けよう、とは言っても、相手がバカでも気にせずに、不満を受けとめてあげるのは難しいことです。そのバカが自分より上の立場の人間ならば、ほぼ無理でしょう。

みなさんは、仕事の際に、バカな上司のせいでこんな目に遭うことはないでしょうか。

- **バカみたいな決定が下されて、それに従って行動しなければならない。**
- **非生産的な作業をするはめになる。**
- **指示が矛盾していて、自分と他の人が違う方向にがんばってしまい、自分のしたことが無駄になる。**

そんなみなさんを、もしわたしが目にしたら、同情して涙が出そうです。「バカ＝全人類の最高権力」ということが、垣間見える程度なら、まだ我慢できます。でも、この権力がみなさんをがんじがらめにして、おかしなことに加担しろと言うなら、話は別です。たとえば、そのままにしておけばできることを、邪魔してできなくする。やる気のある人々を搾取する。不当な行為をする。世の中をダメにする……。こうなると、もはや美学や、道徳や、法律や、形而上学の話ではありません。こうしたことは、あってはならないことです。実際、常識レベルで考えても、誰でもそう思うでしょう。経済、政治、哲学、どんな分野でも、こうしたことは損失をもたらします。よこしまな人間や最悪のバカに、組織で責任ある地位を与えてしまったことがそもそもおかしいのですが、その下で悪いことに加担させられた人は嫌悪感を覚えるでしょう。

この嫌悪感のことはいったん保留して、「バカが上の地位にいること」が、わたしたちには苦痛なのだということをまずは認めましょう。上の地位にいるバカは、下の地位にいる者に直接影響を与え、混乱をもたらすので苦痛です。宇宙のリズムで踊り、世界を破壊するシヴァ神のほうがましです。あなたが、「これはおかしい。このバカは、どんなにいいチャンスが何度来ても逃すだけなのだから、上の地位につくべきではなかったのだ」と思うのは当然です。では、ちょっと別の世界に行きましょう。その世界の基準では、あなたの激しいいらだちは、もっともであることが証明されるとします。もしよかったら、その世界のコードで、あなたの考えを書きかえてみましょう。「有能な人たちが世界を率いれば、世界はもっとよくなるだろう」。でも、今からわたしはそれは違うということを明らかにしていきます。

優秀な人だけを残すとどうなるか

哲学では、根拠のない発言は避けなければなりません。というわけで、わたしは教育と研究の話をします。みなさんは、それを自分の世界の話に当てはめてみてください。想像がつくと思いますが、哲学の研究者には、並以下の人がとても多いです。研究を自分で進められる人は、他の研究者が考えだしたのと同じことを言っているだけの人と比べると、ごくわずかです。大多数の研究者の発表は、耐えがたいほどありきたりで、研究の発展に寄与しません。でも、もし、こうした悲嘆の声を重く見て、そこに現れている、「優秀な研究者だけが研究してほしい」という願望を、みんなで叶えたらどうなるでしょうか。研究者を優秀な人だけに絞るには、まず研究者の数を制限しないといけないでしょう。その選択基準についてはここでは議論しないとして、たとえば世界で数百人の研究者が残るとします。この小さなエリート集団は、他と隔絶した存在になり、やがて、教育を歪める大学教授はおろか、そうした教授の著作を、理解はできなくても好んで読むような人たちとさえ、関わることが禁じられるでしょう。すると、どうなるでしょう？　エリート集団のメンバーは、外部の人と意見交換をしたくてもできなくなります。また、新しいメンバーが集団外から補充されることはなく、集団内が、優秀な人とそれより劣る人に再び分かれます。これはある意味、新たな形のバカなことです。これが何度も繰りかえされると、最終的にはこのエリート集団は、良さを失います。

ちょっとしたシミュレーションではありますが（こうしたことが実際に起きている国もあります）、これによって、社会では誰もが（研究者でも、教授でも、他の誰でも）自分が所属する社会階層と、社会全体に支えられていることがはっきりわかります。社会全体が支えるからこそ、仕事は適切なものになり、物理的にも可能になります。有能な人々は、「自然に」エリート的な考え方をします。指導的立場につくのが好きで、そうした立場につこうとしますし、その立場にふさわしいのは自分だけだと思う傾向があります。でも、そうした考え方で人を排斥すると、自分が属する集団が自滅する恐れが出てくるということを認めなければなりません。わたしは、まだバカを集団のトップにすえていませんが、もう少々お待ちください。

人は、上の人間に優秀さを求めます。それは、「ある特定の分野において有能であること」と、「その分野や会社に利益をもたらすような、適切な決定をする能力」とを結びつける傾向の表れです。しかし、出来の悪い人や無能な人を排除すると、その分野は必ず不毛に陥ります。今、この章の推論は第一段階ですが、このことを示すだけで、この段階の狙いは達成です。

現段階では、「バカは必要だが、バカの地位は下でなければならない」というのがわたしの意見です。これにはみなさんも同意していただけるでしょう。たとえば、立派なエリート階級の人々も、大衆が協力し、賛同しなければ存在しません。エリートが知性をもち、人の役に立ち、有能であるには、大衆の努力が必要です。それから、ここでは論じませんが、メリトクラシー〔訳注…イギリスの社会学者マイケル・ヤングの造語。個人の能力によって社会的地位が決まり、能力の高い者が支配する社会〕は、不平等を正当化し、「特権をもっている人々は、少なくとも理論上は特権に値するはずだ」ということ、そして裏を返せば、「特権をもっていない人々は、特権に値しない」ということを示唆します（これについては世界中の哲学者が三千年前から否定していますが、無駄に終わっています。なぜなら、支配されている人々は、支配者に服従することをこの先もずっとやめそうにないからで、やめない理由は、みなさんもご存じのように、服従することに喜びを見いだしているからです）。わたしが主張したいことはひとつだけで、それは、凡人がいなければ、優秀な人たちは存在できず、人の上に立つことを「望む」ことさえできないだろうということです。

傑出した才能と人類共通の願い

では、ここから推論の第二段階に入ります。有能でも無能でも、人には「共通の願い」のようなものが存在することは、みなさんも認めていただけると思います。有能と無能の間には境界がありますが、仮に船にたとえれば、優秀な人とバカが、同じ船に乗ることはできます。ただし、船に乗ることが両者共通の願いだということを、バカが知らない可能性はあります。たまたま同じ船に乗りあわせているわけです。だとすれば、バカが人類共通の利益の妨げになるのも、単なる偶然なのでしょう。社会は人間の欲望の寄せ集めで成りたっており、社会があるから、人は欲望を抱きます。バカは、自分で望んでいるかどうか、また、知っているかどうかとは無関係に、社会の一部を成しています。そして、自分の欲望を叶えるために行動しています。その行動が、たまたま船を沈めてしまうことがあるのでしょう。

ここで、考えを大きく飛躍させましょう。たとえあなたが、とても頭が鈍くて偏狭で、「船長なら誰でも、素晴らしい人徳で乗組員を率いているものだ」と信じていても、認めなければならないことがあります。それは、この世界で、人間が関わるものは何ひとつ、リーダー以外の大多数の人間の行動なしには維持できないということです。君主制国家も、ガレー船〔訳注…囚人などにこがせた昔の軍艦、商船〕も、空母もそうです。それに、たとえばロマン派の天才作曲家や、ギリシャの英雄や、アメリカの「セルフ・メイド・マン」〔訳注…自分の努力で道を切り開く人。ベンジャミン・フランクリンなどを指す〕のような人々も、最初から世の中に真価を認められていたわけではありません。幼稚で文句の多い大衆の願いを自分に引き寄せる力がなかったら、その優秀さも全く意味をもたずに終わったことでしょう。みなさんは、「才能は人知を超えたものであり、神の恵みである」と言いたいことでしょう。わたしは、それを否定はしません。ただ、歴史上の偉人に見られるような、傑出した才能が、人々に全く評価されないまま失われてしまわないためには、必要なことがあります。傑出した才能のある人は、人類共通の願い（天才でも凡人でももつような願い）を叶えたとき、一般大衆からも認められます。才能と人類共通の願いの両方が存在しなければ、才能が発揮されて人々に認められることも、人類共通の願いが叶えられることもありません。人類共通の願いを一個人が完璧に実現することはできないかもしれませんが、才能を生かしてどれだけ人類に貢献できるかで、社会的地位が決まります。また、人には、自分の才能を人類のために全て捧げるという選択肢もあります。

権力はバカのところに転がりこむ

こうした状況では、権力者の地位は、ほしいと思う人たちが手に入れることが必要です。その人たちは、たとえば国の機関なら、その組織も、欠点も、うまく活用できなければなりません。また、人にごまをすったり、へつらったりすることもいとわず、「大多数の人間」のぼんやりとした欲望を難なく（たとえ軽蔑まじりであろうとも）体現できる人でなければなりません。さて、人間嫌いの人々は「大多数の人間はバカだ」と言いますが、これまで述べてきたことからは、そんな推測は全くできません。大多数の人間がバカに思えるとしたら、それはむしろ、人間の多様性が原因です。人は多様で、あやふやなまとまりなので、平均像や、典型像のような、全体を適切に表現できる何かを作りあげるのが非常に難しいのです。

あやふやさは、バカにとって有利に働きます。バカが有能な人間のふりをするのは難しいことですが、中程度の人間のふりなら簡単です。そのため、たくさんのバカが中間層に紛れこみ、「普通の人は無能で当たり前」という感覚が世の中に浸透しています。だからといって、「社会では無能なバカが幅をきかせている」と言ってしまうのは適切ではありません。「愚者による支配」という言葉がありますが（理論上は優れた観察者の視点を前提とする言葉です）、社会の本当の平均像が見つけにくく、無能なバカが平均像のようになってしまうので、結果として、バカにも権力が転がりこんでしまうのです。

これでおわかりいただけたことでしょう。バカがリーダーや、経営者や、社長になるのは、単なる確率の問題で、不運でも不当でもなければ、おかしなことでさえないのです。「世界を理解すること」と「よりよい世界にするための努力」のバランスを取るのは、とても難しいことです。バカが人の上に立つのが世界の現実ならば、よりよい世界にすることは難しく思え、諦めたくなるのもわかります。でも、バカが人の上に立つのは普通にありえることだと思っていれば、ではどうすればいいのか、に気持ちを向けられるはずです。「よりよい世界にするための努力」には、バカなことと戦い、バカが物事を台無しにするのを防ぐことも含まれますが、常に自分の能力に見合った努力をするだけでいいのです。「世界を理解すること」は、心を和らげます。世界を理解すれば、バカが下す決定を、宇宙の調和を乱すもののように思わないで済むでしょう。みなさんは、世界に憤りを感じても、ありのままの世界を愛してください。そして、世界をよりよいものにしてください。もちろん、何かが気に入らなければ、気に入らないと思うのは自由です。

よりよい世界を望むなら、ふたつのことを覚えておいてください。ひとつは、失礼ながら、この世界では、各自がほぼふさわしい地位についていて、バカがわたしたちを率い、治め、より一般的には、取りしきっているのは自然の成り行きであり、異常なことではないということです。もうひとつは、もしあなたが、自分はふさわしい地位についていないと感じるなら、それは不当かもしれませんが、自分に与えられた課題だと思うといいということです。

第十二章のポイント

バカが人の上に立つこともある。
ありのままの世界を愛しながら、
よりよい世界を目指そう。

第十三章

なぜバカが増えているのか

（突然、同居人が家に人を大勢連れてきたときの、筆者と同居人の会話）

「うわ、なにこれ……！　ちょっとこれは……。こんなにたくさん……？　人を連れてくるときは前もって連絡する約束だろ……」

「うん、そうそう、連絡しようと思ったんだけど」

「じゃあ、なんで連絡しなかったんだ」

「携帯、忘れて。まあ、今言ってるだろ」

「はあ!?　何人いるんだ？」

「あー、わからん。三十人くらい」

「おお……。そうか、じゃあ、おれは出かけてくるから、好きに使ってよ」

「いていいよ」

「ありがとう、でも、執筆中だから……」

「新しい本？」

「うん。ちょっと別のテーマで書いてるんだけどね。ところで、聞いていい？」

「あー、うん」

「何時までいる？」

「さあ。おれはとりあえずちょっと寝て、後でまた参加する。人はまだ来るよ。おい！おい！　ウォッカはそこね！　ステレオはそこだから！　あはは、おまえもうパンツ一丁なの？」

この章の内容

- すさまじい増え方をするバカにどうやって打ち勝つか。
- 筆者の祖母であるマダム・イヴェット・ジベルトーから聞いた話をもとに、バカにまつわる状況を、昔と今とで比べてみる。

なぜバカが増えているのか

なぜこんなにバカばかりなのでしょう。それは、人生の大きな謎のひとつです。この謎が現実の形を取って目の前に現れたので、わたしは自室に避難しました。同じく不運に見舞われているみなさん、どうぞこちらに来てください。

なぜバカはひたすら増えつづけるのでしょう。バカはどこから湧いてくるのでしょう。いったいなぜ、バカはこんなに多いのでしょう（ただ、ちょっと考えてみると、バカは実際に多いというより、多く思える、という面があるようです）。そして、なぜバカは昔より今のほうが多いのでしょう。

とは言ったものの、ここでいったん、思いだしてください。バカは世界中にいる実際の人間のタイプではなく、人間関係において起こる出来事です。要は、バカと関わりあうと何かが起こるようになっていて、それが増えている、ということです。でも、この章で、人と人との関わりあいが増えているということを確認するだけでは面白くないので、もっといろいろ考えていきましょう。

人と人との関わりあいが増えているから、バカが増えている

フランス人の祖先は、概して、あまり移動しない生活をしていました。そのため、大部分の人たちは、人生で出会う人の数が今と比べて少なかったのです。わたしたちの親世代

でも、今のように長距離を移動することはあまりなく、わたしたちほどたくさんの人に出会うことはありませんでした。そもそも、移動する場合も、ほとんどは目的地との往復だけで、今ほどいろいろな場所に行くことはおそらくなかったでしょう。要は、インターネットとスマホが、人と人とがつながる可能性を爆発的に増やしたのです。インターネットとスマホがあれば、離れていても近くにいてもつながることができる上、文章も音声も写真も動画も使えて、オンラインで交流することもできるし、実際に会うきっかけにもなります。もちろん、関わりあいが増えれば増えるほど、誤解や不手際や失敗も増えます。わたしの祖母の話では、祖母は、これまでの人生で何十人かのひどいバカに出会ったのですが、その大部分はフランス南西部のジャルナックとフォクールの間におさまっていたそうです——でも、みなさんは今後何百人ものひどいバカに出会うでしょう。以上をまとめると、「人と人との関わりあいが増えているから、バカが増えている」というのが、「なぜバカが増えているのか」という問いに対するひとつめの答えになります。

バカなことのほうが世間に広まりやすいので、バカが増えている

こうした出会いにおいて、たとえ短くても最悪な関わり方をした場合、出会った両者はそれぞれに、「またバカと関わってしまった」と思い、再び別々の人生を歩みだします。これに対して、みなさんは「わたしのことをバカだと思う人は間違っている」とおっしゃるかもしれません。でも、今はインターネットとSNSで、誰でも簡単に自分の意見を広めて承認してもらえる時代です。ともすると、たくさんの人があなたをバカだと思う可能性もあります。誰かが誰かに評価を下し、それを他の人が認めるという流れは、昔からありますが、その仕組みは、昔と今では様変わりしています。昔は、有名人と一般人ははっきり区別されていましたし、人のことをバカだと思っても、せいぜい身近な人たちに話して同意してもらう程度でした。今は、公式マークがついているような有名人と一般人の差が縮まっているので、有名人のバカと一般人のバカの差も縮まっています。ですから、バカが自分の意見を世間に広く発信し、それを他の人たちが承認するということが起こります。ただし、バカが騒ぎを起こすと社会的制裁が加えられるようにもなったので、バカと関わって騒ぎになっても、すぐに収束することもあります。以上をまとめると、「バカな

ことのほうが世間に広まりやすいので、「バカが増えている」というのが、ふたつめの答えになります。

人がかつてないほど過敏になっているので、バカが増えている

しかしながら、こんなことも言えるでしょう。インターネット上でバカが増えるだけならば、バカがわたしたちの生活に与える影響力は下がります。実際、わたしの祖母の場合、バカの、人を傷つけるような言動から逃れるのは難しいことでした。それに対して、今のわたしたちがインターネットで出会うバカのほとんどは、どのみち、今もこの先も知らない人でありつづけます。本当に存在するかどうかも怪しいインターネットの亡霊のような連中などは、言うまでもありません。したがって、バカが増えていても、わたしたちの生活のなかで消費されるのも早い、と言えるでしょう。

バカがすぐ消費されることはひとつのメリットですが、残念なことに、このメリットの一部はすでに失われています。わたしたちの忍耐心と寛容さも減っているため、相殺されているからです。わたしの祖母の場合、人と交流するならば、フォクールとその周辺に実

際に住んでいる人について、自分の好き嫌いを見極める必要がありました。でも、最初は嫌いだと思った相手でも、年月とともに人柄が変わってくることがあり、そうした場合は奇跡的に、関係が変化したり、改善したりしたそうです。祖母にとっては、義母との関係などがそうでした（でも、普通は嫌な義母などは頑固で変わらないので、必ず変わるとは言いません）。一方、今のみなさんの場合、理論上は無数の相手と対話ができますし、周囲から、何らかの道徳観に従うよう強制されているということもないだろうと思います。みなさんは、「相手の人柄が変わるまで待っている時間はない」とおっしゃるでしょう。それは現実主義的な考え方でもあり、不誠実でもあります（とても残念なことに、みなさんは、仕事上従う必要がある命令だけはほぼ無条件に受けいれるのですが、哲学で忍耐心や寛容さを求められるとそうはしないのです）。待てないがために、みなさんにとって、人の欠点や特徴は、自分がそれに順応できそうなもの、あるいは、時間が経てば変わるかもしれないが今は我慢できないものに分かれます。みなさんはまさしく精密機械のように、バカがほんのちょっとまばたきしただけでバカだと識別します。自分の生活を誰にもわずらわされることがないように、バカとそれ以外の人を厳しく選別します。以上をまとめると、「人がかつてないほど過敏になっているので、バカが増えている」というのが、三つめの答えになります。

こうして考えてみると、複雑な、人の好き嫌いというものがどんな働きをするかもはっきりとわかります。人は「どんな人が好かれ、どんな人が嫌われるか」という視点に立ち、好かれようとして自分の個性を発揮するようになるのです。社会学の二百年の研究を一文でまとめるなら、「規範が人を作る」となるでしょう。人は、さまざまな集団の規範を習得することで、その集団の一員を名乗ることができます。もちろん、各自が個性を発揮することは必要で、それは集団に属していても可能です。集団のなかで、人の個性はさまざまな形で現れます。ただし、そのためには、各自がある程度自発的に、自分が属している集団の規範に自分を合わせたり、逆に規範を変えたりすることが必要です。

社会的規範が細分化しているので、自分と違う規範をもつ人を排斥するバカが増えている

今日では、多民族が暮らすことにより、さまざまな集団の規範が集まって壮大なるつぼのようになっている場所があります。特に大都市ではそれが顕著です。話し方（そもそも言語が異なることもあります)、服装、笑い方、歩き方や座り方、出来事の解釈の仕方、感情のもち方と表現の仕方、時間や空間や人称のとらえ方——要するに人間の感性と呼ばれるものあらゆるヴァリエーションが、入りまじっているのです。その中でマイクロコミュニティが発生し、それに合わせて社会的規範が細分化していますが、こうした現象の一因に、現代のコスモポリタニズム〔訳注…全ての人は、国家や民族の枠組みを超えた、世界というひとつの共同体に属するという考え方〕があります。

各マイクロコミュニティの中にも、バカはいて、集まってひとつの部分集合を作っています。誰もが知っているように、バカは、自分たちの規範に従わない人たちを排斥することで仲間を認識しますが、この段階で、対立する二者はどちらもバカです。たとえば、支配者と被支配者、右派と左派、富める者と貧しい者。その人たちの信条が正しいかどうかや、特権を享受しているかどうかとは関係なく、どちらもバカです。学のある人と無学な人、無神論者と信仰をもっている人、男と女、例は他にもたくさんあります。

この場合、バカとは、ある集団に所属していることを指すのではなく、集団において、他者の排斥を助長する姿勢を指します。また、人にはそれぞれ違いがあるものですが、その中でも、文明、人種、民族、文化など、バックグラウンドに起因する大きな違いは、同じバックグラウンドをもつ人々の集団では画一性となります。マイクロコミュニティは、ある意味同種の人間が集まる小さな集団なので、その分、細かい違いが目につきやすくなります。以上をまとめると、「社会的規範が細分化しているので、自分と違う規範をもつ人を排斥するバカが増えている」というのが、四つめの答えになります。

こうした社会的規範の細分化の動きは、コミュニティ間の違いがだんだん目立たなくなっていることにより、多少相殺されています。たとえば言語や服装などは、非常にわかりやすい社会的規範ですが、そうしたものが、世界的に画一化に向かっています。その結果、違いが少なくなれば、他者の排斥が減ることも考えられます。しかし、逆にこの画一化によって、短気な人（たとえば、明らかな違いのある人を許せない人）も増えているため相殺されています。

こうした原理について、よく考えてみてください。アルゴリズムの性能が上がり、世界中でより広く使われるようになるにつれて、わたしたちの社会は商品やサービスの個別化に近づいていて、ヒューバートやアマゾンなどの通販サイトは常に、利用者個人により合ったものになっていきます。その結果、個人は、自分が従う規範に対しても、何から何まで自分にぴったりであることを求めるようになりますが、そうした規範の場合、何を排斥し何を包摂するかという幅が、非常に狭くなります。要するに何が言いたいかというと、人々の規範は今後どんどん個別化され確立されていき、さらに細かいことにこだわるようになる可能性があり、そのうち各自が、自分のところに（少なくとも自分の画面に）出現する規範にそのまま従う、少なくとも理論上は唯一の人になります。そうなると、バカは最大限に増え、各自が、自分を地球最後の人類のように思うでしょう。もしかすると、限られた数の友人も生き残っているかもしれませんが、周囲は、いわばバカがうようよいる海に囲まれているような状況です。

そうした状況では、全ての違いを受けいれるべきだと言って、寛容になればいいことがあると主張しても、みんなで手に手を取って、大きな輪になって踊ることはできません。偏狭な道徳至上主義をみんなで協力して実践するなどということはバカげています。人と違うとは、自分の好き嫌いにこだわっているということであり、この好き嫌いには、生理的な嫌悪感も含まれます。したがって、他の人が嫌悪感をもっていることを強く非難しても、他の人が服従していることにがっかりしても無駄です。なぜなら、当然ながら、バカはあなたの友愛の輪に入ることを決して受けいれないだろうからです。

解決策を考える

では、そうした状況をどうやって切り抜けたらいいのでしょうか。いったん、発想を変えてみましょう。現状に問題があるならば、昔のやり方に戻してはどうでしょうか。たとえば、フランス社会では、歴史上、画一性が非常に高い時代がありましたが、当時は単語のスペルも、文法も、言葉遣いも厳密に決められたものを守らなければならず、真っ白なおしろいと、やはり白い髪粉をたくさんふったかつらが、高い知性の証でした。さて、みなさんは今、当時のそうした規範を守ろうなどと、まじめに主張したいと思うでしょうか。

思わないはずです。つまり、みなさんが、人との交流を減らせば、わたしの祖母さえ経験したことのない平穏（でも祖母は面倒な人ではありません）を取りもどすことができると考えるとしたら、それはバカげた懐古趣味の幻想だということです。そもそも、昔の規範は画一的だったという話が、情報を恣意的に選択して作られた、懐古趣味の幻想ではないということは、本当に確かですか？　歴史家的な考え方をすると、この話をうのみにはできません。みなさんは、こうおっしゃるでしょう。「おしろいやかつらの例は表面的なものであり、本当に賢い人間なら、外見はどうでもいいということをよく知っているはずだ」と。

確かに、たとえば、ヴェールを着けたイスラム教徒の女性と、ミニスカートをはいた女性がいるとして、大切なのは、どちらの女性も自由であることです。それは、賢い人間ならば知っています。わたしが非難しているのは、バカがそのことを知らないということもそうですが、それ以上に、自由を、ふたつの表面的で完全に無関係な選択肢の間からひとつを選ぶことのように思っていることです。ヴェールかミニスカートかを選び、ミニスカートならば自由、ということではないのです。

価値観を守ってはいけない

バカがどうしようもなく増えるのを抑えて、自分もバカの筆頭にならないようにしたいなら、次のことを認めてください。行動規範とは、要は自由を具体的な形で示したもので、単なる、していいふるまいと、してはいけないふるまいの基準です。そこに道徳を加えて、道徳観にしてしまうと、その道徳観の持ち主が、規範に沿わない行動をする人に嫌悪感を覚えて排斥するようになり、どこもかしこもバカだらけになるのです。道徳観を含め、価値観というものは、神聖な概念です。それを日常の無意味な細部にまで適用するのは、わたしがこの本で、偉大な哲学者たちの教えを借りながら、「道徳上の義務と照らしあわせて人の行動のよしあしを判断するのは今すぐやめよう」と述べているのを愚弄するような行為です。

みなさんが戸惑っているのが目に浮かびます……。「自分の価値観を守ってはいけないのか?」。お答えしましょう。価値観が大切なら、決して守ってはいけません。価値観を至上命令のように掲げても、その価値観を広めて、バカなことを退けることはできません。というのも、人と人を分けるのは、価値観の違いではなく、どんな人とどう関わるか、だからです。みなさんが、人との何らかの関係に愛着をもっていて、それが価値観に表れているなら、もちろんわたしはその価値観に心から共感します。でも、みなさんが自分の価値観を無条件に主張するならば、自分の望むような結果は得られません。たとえば自由は、決して無条件のものではありません。自由であるとは、そこにある条件、言いかえれば、明確に決まっている条件のもとで成功する力量をもっているということなのです。

価値観は人と人を分けるものではない、と述べましたが、さらに考えを進めれば、価値観は集団と集団を分けるものではない、ということになります。価値観が人や集団を定義するという考え自体が、バカげています。価値観は、意見の対立を乗りこえるためにすりあわせるものであり、対立を正当化するためのものではありません。価値観に、限られた人だけのものという特殊性を与えてはいけないのです。そういうことをしてしまうと、たとえばみなさんが、自分の理想は自由だと言う場合、自分と価値観の異なる人たちがその理想の世界にいる権利を奪うことになります。わたしは、これほど危険なことは他にないと思います。なぜなら、これは自分とは違う自由を思い描いている人全員を、すぐさま敵にしてしまうことだからです。

したがって、自分の価値観を守るよりも、人間関係を発展させたほうがいい、価値観の違いによる不満は極力もたないほうがいいということを認めましょう。なぜなら、思いだしてください。まずそこからバカが増えるのです。したがって、十八世紀ヨーロッパの植民地主義への回帰によっても、デジタル時代の個別化された相対主義によっても、バカが増えるのを抑えることはできません。バカが増えるのを避けるには、わたしたちが守りの姿勢をやめて、次のふたつのことを受けいれるしか方法はありません。

ひとつは、自分の理想の価値観を、思いきって人との交流の中ですりあわせることです。もうひとつは、自分の人間関係を幅広く改善するために、いろいろな人と交渉を始めることです。そうすれば、全てのコミュニティのバカは弱体化するでしょう。裁判官のように人を裁くより、日曜大工のようにありあわせのもので新しいものを作りましょう。

第十三章のポイント

まず、人との交流を大切にしよう。
価値観は後からついてくる。

第十四章

なぜいつもバカが勝つのか

わたしたちは、バカなことをするのは人間だけだと思いこんでいます。そこには何らかの意図が働いていると考えるからです。でも、それは間違いです。たとえば、よくあることですが、靴に小石が入るとします。このとき、小石は自然に入ります。入ろうと意図する必要はありません。それと同じで、バカなことにも意図は不要です。バカなことは自然に起きるのです。

この章の内容

●バカやわたしたちの世界や人格について考え、そこから、バカと交流する最終的な手段を考える。

無気力はバカの武器

第十三章は、バカについて、表立った現象ばかりを取りあげた上に、バカが増えているように思えるのは現代社会の幻覚だとでも言いたげだと思われたかもしれません。それでも、おそらくみなさんは、本書がそろそろひとつの結論に向かうことを期待しているでしょう。哲学の醍醐味を味わいつつ、バカなことを乗りこえ、誰もが和解できるような、そんな結論がほしいですよね。でも、もう少し、いろいろな事情を考慮させてください。

わたしたちは、バカは増えているという印象をもっています。実際の数の増減とは関係なく、そう思っています。仮に減っていたとしても、この先もずっと増えつづけるような気がするでしょう。なぜなら、人は大人になって他人に対する幻想を失くすにつれて、周りがバカばかりに思えるようになるからです。人はみな似たようなふるまいや考え方をするものだとか、自分の道徳的規範は他の人と同じだとか、そんな幻想をもてるのは若くて純真な頃だけです。幻想を手放せば、その分賢くなりますが、代わりに周りのバカがどんどん増えるように感じます。

しかしながら、人間の脳は、若さゆえの幻想を失っても、すぐに別の執着対象を見つけます。今度はノスタルジーに浸りがちになるのです。月日が経てば、社会は発展し、街は工事で姿を変え、テクノロジーも進化します。すると、人の思い出の枠組みのような部分が少しずつ壊れます。人は、故郷の今の様子を目にしたり、最近の若者の出会い方や性について、噂で知ったりすると、昔を懐かしんで胸が締めつけられます。すごくわかります。でも、実はノスタルジーというものは、物事の移り変わりに置いていかれる疎外感から生じるもので、何もしたくない、何も変わってほしくないという無気力主義の表れです。個人が感じるノスタルジーは、極端な懐古主義のように社会全体を危険に陥れるものとは違い、普通は否定されることも拒否されることもありません。そしてこの無気力こそが、バカの武器なのです。

順応と人格について考える

思考停止している人や、頑固な人を見ると、実は無気力なのがわかります。無気力の原因は何でしょうか。それを理解するには、無気力とは全く違う、「順応」について考えることから始めなければなりません。

順応とは、比較的長期にわたる訓練の成果ですが、この訓練に特に適しているのは子どもの頃です。この時期の情報は、心の中の、無意識の層に刻みこまれます。人は、生活空間や、よく聞く音やよく触るものの感覚、他の人たちとの交流など、要は自分の世界を構成しているものの全てを、ずっとかきまぜてミックスするようにして過ごしながら、その世界に順応します。

人の行動や考え方や話し方には、その人なりの特徴があります。特徴は、その人が参照している世界の影響で生まれます。人は周囲に順応しなければならないので、自分を定義するもののほとんどを、周囲からそのまま取りいれるか、少し調整して使うかしています。それをここでは、人が出来事に反応する際の、その人独特の傾向という意味で「人格」と呼ぶことにします。

人がどんな人格になるかは、百パーセント予測可能ではありませんが、全く運任せというわけでもありません。人格という概念は、全体がとても複雑に絡みあっており、時代や民族の影響や、社会、遺伝、経験、無意識のうちに味わったことなど、いろいろなものを含んでいます。どれがどれなのか見分ける方法は誰にもわかりません。

人格のもとが何であるにせよ、経験によって作られる世界は、ほぼ融通がききません。そのため人間は、新しい経験をして、自分が基準にする世界を変えるしかなくなったときにしか、意見や物事へのアプローチの仕方や行動を変えません。新しい世界を発掘したときだけ、そこに自分の人格を合わせるのです。単なる意志だけで自分を変えることはできないのです。世間では、意志があれば変われるというような、バカバカしい話がよくされますが、変われないのは極めて明白な事実であり、誰もが認めると思います。人は簡単には変われないのだと思うと、自分の欠点も許せます。自分の世界を構成する要素に、しっかりと構築された論理的思考能力が入っている人は、わたしの理屈に納得してくれるでしょう。でも、そうではない人の場合、画像や動画やＧＩＦなど、何でもいいので、その人が世界と自分の関係を作りあげる要素としてふさわしいと考えているものを使ったほうがいいのかもしれません。

人が参照する世界を変えるのは、そう簡単ではありません。人格は、最初に順応した世界とひとつの輪でつながっているようなもので、その世界を守ろうとします。人は自分の世界を変えれば人格を変えられますが、逆に、人格には変わる気がないので、世界が変わらないように守ってもいます。世界が変わったら人格も変わらなければならないからです。

バカの世界も真実の一部である

したがって、バカの意見や行動など、バカが表に出すものを変えるには、人がバカなのは順応の結果だということを考慮しなければなりません。もし、あるバカが無気力で頑迷な場合、社会の何らかの決まりごとに対して、それなりにうまく順応した証です。その決まりごとが、時代遅れだったり、間違っていたり、不完全だったりするだけなのです。ですから、バカを変えようとするなら、デリカシーが大切です。バカが参照している世界のどこかに突破口を見つけ、慎重に利用するしかありません。それに、バカを変えるとは言っても、そのバカの人格をすっかり変えるわけではありません。必要なのは、バカの無気力と戦い、バカの世界をこちらの世界に組みこむことです。あれこれと考える必要はありません。コツはただひとつです。世界を統合する必要性を、筋道を立てて話すのではなく、アニメでも、言葉を乗せた短い歌でもいいので、相手に合った方法を使って示すことです。もし、すでにバカの世界で何か変化が起きているなら、そこに注目し、ほめたたえましょう。

みなさんはもう、いつでもバカを説得できそうでしょうか。でも、ある人の世界の要素を他の人の世界に組みこむということは、お互いが組みあわさるということでもあります。バカに話したことを、バカが自分の世界にどう組みこむかは、こちらの能力次第です。その能力とは、バカの世界も、事実上、真実の一部だということを受けいれて、バカの世界を考慮に入れる能力です。まず、バカにはバカが見ている世界の現実がある、ということを認めましょう。それができれば、自分の世界は完全にはバカではないと思って大丈夫です。バカの世界を尊重することこそが、こちらの世界にある突破口なのです。

バカという課題を克服するとは、バカとこちらの両方の世界の突破口を利用し、ふたつの世界をぶつかりあわせてひとつにし、どちらのことも変えるということです。

ただ、ひとりで両方の世界を変えなければならないわけではありません。大局的に見れば、世界は歴史の流れに従って自然に変わります。歴史が進む方向は誰にもわかりません。でも、歴史はひとりでにできるものでもありません。人間が関与して作るのです。歴史を巻き戻すことはできないので、わたしたちは、歴史の変遷を好ましい方向に向かわせる努力をしつつ、すでに起きている変化の流れに乗るしかありません。そして、その好ましい方向というものは、常に時代に合わせて、変えていかなければなりません。

無気力には勝てないのでバカが勝つ

わたしたちはこの先、バカとの戦いに、勝つのでしょうか、負けるのでしょうか。残念ながら、たまには勝つことがあっても、たいていは負けるでしょう。なぜでしょうか。バカのほうが人数が多いから、ではありません。全然違います。そもそも、バカとは人の交流によって起こる出来事を指すので、人数を数えることはできません。逆に、多数派の人間はほとんどがバカだ、と言うのは正しいです。人は多数派に属すると必ず、最小限のエネルギーしか使わなくなるからです。

バカが勝つ理由は、怠惰、怠慢、無能、大勢順応主義に他なりません。いくつも挙げたようで、実は全部同じことを言っています。無気力主義のことです。無気力主義は昔からありますから、そういう意味では、易きに流れるのは自然なことで、それが人間の性向だということです。仮にみなさんとわたしが、バカではない仲間たちに働きかけて、易きに流れるのはやめよう、バカに接するときはレベルの高い建設的な反応をしよう、などと、わずかな可能性に賭けてがんばっても、たいていはバカが勝ちます。無気力はいつだって優勢です。でも、無気力を全ての人の世界の交点にし、無気力でつながる、というわけにはいきません。だからなおさら、無気力には勝てないのです。

第十四章のポイント

バカの世界と自分の世界、
両方の突破口を利用しよう。

おわりに

人はバカなことをされると、バカな対応をしてしまい、結局お互いにバカなことをしあうことになります。この本の初めのほうでそんな話をしましたね。つまり、バカを根絶したいと思ったり、相手をバカだとみなしたりする人は、また新たなバカを生み、周囲のバカ度を自分で積極的に上げているということです。したがって、バカについて考えるには、誰かをバカだと思うわたしたち自身について考えるしかありません。

みなさんは、この本を読んだ今、読む前よりも自分のことがバカだと思えるのではないでしょうか。実は、なるべくそうなるように書きました。自分の知性を守るには、自分は何でも器用にこなせて経験も豊富だ、などと思わずに、心の中にある、学びたいという純粋な思いに気がつかなければなりません。この本でそれがわかったはずです。そして、それがわかったということは、自分を「理論上は間違っている主体」とみなしているということです。だから、読む前よりも自分のことをバカだと思うのです。

バカの扱いを熟知した人はいませんが、わたしたちは、バカという奇妙で混沌とした現象に、常に臨機応変に対処しなければなりません。バカはそれを教えてくれました。そして、こんなことを言うのもなんですが、みなさんはこの本にかじりついている限り、「理論上は間違っている主体」のままです。

みなさんはこの先、正真正銘のバカだと思えるバカに出会ったときだけ、自分の道徳観を相手に説くでしょう。でもそのとき、みなさんの言い分には、残念ながら理論などかけらもないでしょう。

ここで、この本で見てきたことを、ごく簡潔にまとめてみましょう。

- **バカと接すると激しい感情をもつ理由。そして、激しい感情をもったとき、信頼は完全に失われている。**
- **対話に失敗すると、お互いのコミュニケーション能力は完全に損なわれる。**
- **バカとどうやってやり取りすればいいかわからなくなると、権威に頼ってなんとかしたいという気持ちが膨らむ。**

そして、この最後の権威に関してですが、人は権威をバカに示すのが下手です。専門用語を使ったり、道徳や法律をもちだしたり、とバカに対していろいろと下手な反応をします。そうした反応の目的はただひとつ、元の関係を壊されたので、別の形で関係を立てなおすことです。ただ、その別の形というのが、攻撃的で、暴力的で、支配的で、さらには破壊的な態度なのです。しかし、バカと争わないようにするためには（そうなったらお互いにもてる力を出しつくすことになります）、わたしたちは時と場合に合わせて、次の三つの戦略のどれかで行くしかありません。

①　話しあいで解決できる相手なら話しあう。

②　変えられる相手なら変える。

③　変えられない相手ならそのままにしておく。

バカについて研究していくと、最終的には、バカであることとは別の、人間の側面が明らかになりそうです。その側面とは相互依存なのですが、実はこの問題は何にでもついてまわります。相互依存の関係は、もろいようで壊れにくく、人と人をどんなときも分かちがたく結びつけます。相互依存の関係にある人たちは、おなかとおなかを目に見えないへその緒で結ばれているようなもので、精神的に密接につながっています。どちらかが怒りや喜びに震えれば、相手には手に取るように伝わります。このことから思いだすのは、まず、個人は人との相互作用によって作られ、その後、個人の好き嫌いや活動、集団、社会体制によって、今度は個人と個人の関係ができてくるということです。その際、相互の関わりは欠かせないものの、それが依存になってしまうとまた別の話になってきます。

さて、最近は連帯がなくなったと嘆く年配の方々には申し訳ないのですが、連帯はなくなるものではないので、回復させる必要もありません。むしろ、非常に厄介なことに、わたしたちが連帯を望もうと望むまいと、また、連帯というものが存在することを知っていようといまいと、連帯はなくならないのです。ただ、連帯とは、単に人々がお互いに対して寛大にふるまうことではなく、良い相互作用をもたらすこと、という意味であるべきです。相互作用によって、人間関係はどんなふうにも作れますし、どんなふうにも壊せます。ただし、どんな相互作用が起きるかというルールは混沌としていて、しかもその場で決まります。

連帯という点で考えると、バカの根本的な原理は、おそらく、人が誰でももっている、分離欲求なのでしょう。他の人から独立した存在でありたい、人とは違う存在でありたいという欲求です。人は、この欲求を補完するとともに相反する欲求でもある、帰属欲求ももっています。集団や組織の一員として存在したいという欲求です。

しかし、分離欲求ばかり強くなり、自分は自分、を押し通そうとすると、困ったことになります。自分と違う意見には耳を貸さない。自分の想像が及ぶ範囲でしか物事を考えない。自分がいつも使っている手段や、自分が思いつく手段しか使おうとしない。そうなると、分離欲求は、非常に頑固で、盲目的で、反啓蒙主義的な欲求になります。人がなぜ分離欲求をもつのかというと、努力を最小限で済ませようとする性向があるからです。集団の中で他人と調和して生きていくことには大変な努力を要します。誰しも、楽をしたいのは自然なことではありますが、問題は、それをとてもバカな形で何度もやってしまうことです。

行きすぎた分離欲求の解決策は、まず分離欲求を満たす要素を考えて、そこから導きだす必要があります。では、どんなものが分離欲求を満たす要素なのでしょうか。たとえば、強い独占欲があります。自分だけが、全てを独り占めしたいと思うわけですから、集団とは相いれません。他には、うれしいときでも悲しいときでも、バカみたいに自分に酔っている。知性があっても無知でも、頑固である。幸せでも不幸でも、他の人を軽んじている。対話をしていても黙っていても、人の話を聞いていない。こうした要素を捨てればよいのです。

でも、人は、こうした要素を捨てて新しい一日を始めることもあれば、捨てないで身動きが取れなくなることもあります。仮に捨てたところで、みんな遅かれ早かれ元に戻ります。バカでいるのは楽なのです。わたしたちは、日々、物事のバランスを取りながらたゆまぬ努力をしています。他の人から独立した、人とは違う存在でいようとしながら、人と同じようにして周囲に溶けこもうともしています。自主自律を心がけながら、集団の一員であろうともしています。バカでいることは、そうした努力を休むひとつの方法なのです。

人に無理やり規範を押しつければ、その人との関係は大きく壊れます。かといって、相対主義的な考え方で諦めてしまっても、また違うふうに大きく壊れます。両極端の間を取ってうまくやることは、誰にとっても難しいことです。わたしは、この本で即興で田園詩を書くかのように、相互作用の倫理学についての考えを書いてみて、そのことに気づいたように思います。規範を押しつけるのも諦めるのも、バカを軽蔑している点では同じですが、バカを軽蔑するだけではダメなのです。よく考えてみると、人間関係の病理学を学ぶと、必ずいろいろなタイプの相互依存の話が出てきて、相互依存には注意しなければならないことがわかります（バカは、いわば人間関係の病気の症状です）。相互作用の倫理学に関する研究は、これで終わるどころか、まだ始まったばかりです。この倫理学を用いれば、現代の他の問題についても明快に論じられそうです。

どんなバカに出会っても、怒りを抑えたり、途方に暮れたりしないためには、バカに譲歩することです。そのためには対策を立てておくことが必要でしょう。そう、単にバカに譲歩すればいいのです。そうすれば、こちらもバカにイライラしなくなりますし、お互いに張りあっていても、バカもけっこう堂々と勝負を降りられます。

ただ、これまでにもお話ししているように、相手はバカですから、こちらの思い通りにはいかないでしょう。こちらが平和に進めようとしても、バカは好戦的な態度を取りつづけます。だとすれば、わたしたちが日々できることは、次のふたつのどちらかしかありません。それでもバカと話しあって解決するか、公然とぶつかるかです。したがって、あるときは話しあい、バカの苦痛を受けいれ、バカがこちらを否定してもこちらの世界に取りこみます。またあるときは、公然とぶつかり、バカの苦痛を受けいれず、バカがこちらに腹を立てても放っておきます。

話しあってもぶつかっても、バカがあなたから学ぶことより、あなたがバカから学ぶことのほうが常に多いでしょう。なぜなら、学びたいと思っているのはあなただけだからです。そして、平和に進めても戦いになっても、宇宙はそんなことには無関心で、変わらず均衡を保ちつづけます。

哲学者たちは、そんな宇宙の究極の無関心の中に、至高の平穏、あるいは至高の叡智の、ひとつの形があるのではないかと探りました。しかし、わたしが「はじめに」で早々に述べたように、一目見れば全てのバカを消し去れるような至高の叡智にたどりつくには、神になるしかありません。少なくとも生きているうちには難しいでしょうが、むしろそうした叡智にたどりつく人は、神と死の二択になど無関心でなければなりません。

この地球上で、争いは必ず跡を残します。争いが終わっても、自分が負けた、辱められた、権利や利益を侵害されたと感じている人が必ずいます。その結果、バカが負ければ、そこからまたバカが生まれつづけるでしょう。バカが勝てば、バカはさらに勢いづくでしょう。こうして、バカはわたしたちの美徳を常にあざけり、バカの苦痛は、わたしたちの平和へ向けての努力の前に常に立ちはだかるでしょう。そのため、平和を目指すならば、争いと平和の繰りかえしから脱することを望むのではなく、争いのエネルギーを引き受け、争いは避けられないことだと、賭けのように受けいれるしかありません。歴史とは、壮大な賭けに他ならず、その中で、個人も集団も、仲たがいと仲直りを繰りかえし、悲しみと喜びを交互に味わいます。それが歴史の実態であり、教訓なのです。

ところで、争いが賭けだと言うなら、お金の代わりに恐れでも賭けるのでしょうか。いちかばちかで、増やしたり失くしたりすればいいのでしょうか。いいえ、賭けをすることで恐れを和らげるのです。みなさんもそんな次元に達したら、いよいよ死ぬ間際には、哲学者たちや神々と同じテーブルに着き、一緒に笑ったりののしりあったりできることでしょう。

参考文献

ここに記した本は、本書の執筆中には開いていません。注を用いて参照することが有益とは思わなかったためです。本書の考察には、これらの本に導かれている部分があります。これらの本をすでに読んだ方は、それがどこかおわかりになったことでしょう。まだ読んでいない方は、読めば得るものがあるはずです〔訳注：以下、２０２２年12月時点で日本語版が既刊のもののみ、その情報を補足します〕。

HABERMAS, Jürgen, *L'Éthique de la discussion*, Paris, Flammarion, 1992 [1983], 202p.
〔ユルゲン・ハーバーマス『討議倫理』〈新装版〉清水多吉・朝倉輝一訳、法政大学出版局、２０１３年〕

HONNETH, Axel, *La Lutte pour la reconnaissance*, Paris, Cerf, 2002 [1992], 232p.
〔アクセル・ホネット『承認をめぐる闘争：社会的コンフリクトの道徳的文法』〈増補版〉山本啓・直江清隆訳、法政大学出版局、２０１４年〕

KANT, Emmanuel, *Fondements de la métaphysique des moeurs*, Paris, Delagrave, 1973 [1785], 252p.
〔イマヌエル・カント『道徳形而上学の基礎づけ』御子柴善之訳、人文書院、２０２２年、他〕

LA BOÉTIE, Étienne de, *Discours de la servitude volontaire, ou Contr'Un*, Paris, Gallimard, 1993 [1576], 308p.
〔エティエンヌ・ド・ラ・ボエシ『自発的隷従論』西谷修監修・山上浩嗣訳、筑摩書房、２０１３年〕

NIETZSCHE, Friedrich, *La Généalogie de la morale*, Paris, Gallimard, 1985 [1887], 212p.
〔フリードリヒ・ニーチェ『道徳の系譜』〔改版〕木場深定訳、岩波書店、２０１０年、他〕

SACHER-MASOCH, Leopold von, *La Vénus à la fourrure*, Paris, Payot & Rivages, 2009 [1870], 217p.
〔レオポルド・フォン・ザッハー＝マゾッホ『毛皮を着たヴィーナス』許光俊訳、光文社、２０２２年、他〕

SADE, Donatien A. F., marquis de, *La Philosophie dans le boudoir*, Paris, Gallimard, 1976 [1785], 312p.
〔マルキ・ド・サド『閨房の哲学』秋吉良人訳、講談社、２０１９年、他〕

SLOTERDIJK, Peter, *Règles pour le parc humain*, Paris, Mille et Une Nuits, 1999, 64p.
〔ペーター・スローターダイク『「人間園」の規則――ハイデッガーの『ヒューマニズム書簡』に対する返書』仲正昌樹訳、御茶の水書房、２０００年〕

STIRNER, Max, *L'Unique et sa propriété*, Paris, La Petite Vermillon, 2000 [1844], 416p.
〔マックス・シュティルナー『唯一者とその所有』〔新装版・上下巻〕片岡啓治訳、現代思潮新社、２０１３年、他〕

謝辞

教皇庁立リオデジャネイロカトリック大学のルイス・カミロ・オソリオ哲学科長、ブエノスアイレス大学のヒメナ・ソレ教授、モントリオール大学（ＵｄｅＭ）のヘレナ・ウルファー教授に特に感謝申し上げます。環境を整えていただいたおかげで、この相互作用の倫理学に関する研究を進めることができました。

アンヌロール・パロ、オレリアン・ロベール、ディアヌ・ランソン、マクシム・カトルー、ポーリン・ハートマン、ロナン・ド・キャランもありがとう。もてる苦悩と知識を筆者と分かちあってくれました。そしてもちろん、たくさんの愛情と勇気をもって、ぼくの世界の突破口を探してくれるカミラにも感謝を捧げます。

著者紹介

著者 マクシム・ロヴェール

1977年生まれ。フランスの作家、哲学者、翻訳家。高等師範学校でベルナール・ポートラに師事。2015年から教皇庁立リオデジャネイロカトリック大学（ブラジル）で哲学を教える。本書は本国フランスをはじめ、世界10か国以上で注目を集める話題作となる。ジョルジョ・アガンベン、チャールズ・ダーウィン、ヴァージニア・ウルフ、ルイス・キャロル、ジョセフ・コンラッド、ジェームス・マシュー・バリーなど哲学書、文学書の翻訳も手がける。

訳者 稲松三千野（いなまつ・みちの）

上智大学外国語学部フランス語学科卒。主な訳書に『少女の私を愛したあなた：秘密と沈黙 15年間の手記』『フランソワ・トリュフォー』『誰か死ぬのを手伝って：闘う障害者はなぜ安楽死を選んだのか』『バカなヤツらは皆殺し』（原書房刊）、『ぼくは死んでいる』（早川書房刊）、監訳書に『絵でわかる馬の本』（WAVE出版刊）等がある。

本作品は在日フランス大使館の助成金を受給しています。

Cet oeuvrage a bénéficié du soutien des Programmes d'aide à la publication de l'Ambassade de France au Japon.

フランス人哲学教授に学ぶ
知れば疲れない
バカの上手なかわし方

2023年3月14日　第1刷発行

著者　マクシム・ロヴェール
翻訳　稲松三千野
翻訳コーディネート　高野優
装丁　井上新八
デザイン　神戸順
編集　大橋弘祐
編集協力　林田玲奈
発行者　山本周嗣
発行所　株式会社文響社
〒105-0001　東京都港区虎ノ門2-2-5共同通信会館9F
ホームページ　https://bunkyosha.com
お問い合わせ　info@bunkyosha.com
印刷・製本　中央精版印刷株式会社

定価はカバーに表示してあります。
ISBNコード：978-4-86651-611-0　Printed in Japan

この本に関するご意見・ご感想をお寄せいただく場合は、郵送またはメール(info@bunkyosha.com)にてお送りください。